わかった！できた！
親子の手話じてん
全国早期支援研究協議会 編
フォルドリバー
あ
お
か
こ
せ
つ
に
い
う
え
ぬいぐるみ
ひこうき
き
く
け
さ
し
す
こ
ど
も
て
た
ち
て
と
な
さっかー
ぬ
ね
の
ぼーる

もくじ

はじめに …… 4

第1章 この「じてん」を使っていただく前に
『親子の手話じてん』の使い方

1.子どもの発達に合わせた表現 …… 8
2.日本語と手話の違い …… 8
3.手話を作る工夫も大切 …… 9
4.収録されている語彙について …… 10
5.地域による手話の違い …… 11
6.手話で名前の表現は？ …… 11
7.家族皆で手話を覚え使いましょう …… 12

第2章 手話のじてん

1　動詞（うごきをあらわすことば） …… 14
　コラム　会話の見える素敵な家族 …… 47
2　形容詞・形容動詞（ようすをあらわすことば） …… 48
　コラム　ボク、ママ大好き！ …… 62
3　副詞・接続詞等（文をつなげたり、くわしくすることば） …… 63
　コラム　「手話しりとり」をやってみよう！ …… 69
4　名詞（ものごとのなまえをあらわすことば） …… 70
　① 時間と数量をあらわすことば …… 70

② 色・形・位置をあらわすことば …… 75
③ 場所・施設・店をあらわすことば …… 79
④ 人・仕事をあらわすことば …… 86
⑤ 健康・体・感情をあらわすことば …… 90
⑥ コミュニケーション・あいさつをあらわすことば …… 93
⑦ 学校や園での生活や行事をあらわすことば …… 97
⑧ 屋外での遊びをあらわすことば …… 104
⑨ 屋内での遊びをあらわすことば …… 108
⑩ 交通や乗り物をあらわすことば …… 113
⑪ 自然・気象・植物をあらわすことば …… 119
⑫ 生き物をあらわすことば …… 125
⑬ 食事や食べ物をあらわすことば …… 132
⑭ おやつや飲み物をあらわすことば …… 139
⑮ 野菜や果物をあらわすことば …… 141
⑯ 台所用品や食器類をあらわすことば …… 146
⑰ 服飾品や裁縫道具をあらわすことば …… 151
⑱ 化粧品・風呂・洗面道具・家具類をあらわすことば …… 155
⑲ 電気製品・清掃用具・その他のことば …… 160
⑳ 数字をあらわす手話 …… 165

索引 …… 168
50 音と指文字 …… 196
執筆者・編集協力者 …… 198
編集後記 …… 199

はじめに

歩き始めて間もないAちゃんが、おもちゃのベビーカーをヨタヨタと押しています。そこへ同じように歩き始めたBちゃんが、両手でバランスを取りながらオムツで膨らんだお尻をふりふり近づいてきました。BちゃんはAちゃんに近づくと肩をトントンと叩きました。Aちゃんは「えっ、なに？」という表情をして振り返ります。Bちゃんはベビーカーを見て小さな両手を重ねて「ちょうだい」の手話表現をしました。Aちゃんはちょっとイヤな顔をします。Bちゃんは再度Aちゃんの顔を覗き込むようにして「ちょうだい」をします。するとAちゃんはちょっと考えるような目つきをしたあとで、小さなマシュマロのような手で「まってて」の手話表現をしてベビーカーを押して行ってしまいました。Bちゃんはその場でAちゃんの姿をじっと目で追っています。Aちゃんは部屋をひと回りするとBちゃんのところへ戻ってきて、ベビーカーの取っ手をBちゃんの手元へ差し出しました。Bちゃんはうれしそうに差し出された取っ手を握ってベビーカーを押して歩き出しました。2歳に満たないAちゃんもBちゃんも耳がきこえません。

ある朝、3歳児のCちゃんがママとろう学校へ通う道を歩いています。Cちゃんがママに「ママ、今日、雨降るの？」と小さな手を動かして聞いています。「さぁーどうかしら？」と親子で空を見上げています。Cちゃんが「ママ、天気予報、なにって？」と聞くとママも手を動かしながら「多分、午後から雨って言ってたよ」「ほんと？　うれしいー」「どうして？」「だってこの黄色いかささせるもん」「そうね、新しいかさだもんね」「うん」「雨が降るといいわねー」。後ろから歩いていた私は、Cちゃん母子の手話での楽しい会話を見ながら、思わず口元をほころばせていました。

きこえない・きこえにくい人たちの言語である手話が、教育や養育のなかで使われるようになって、まだそれほど長い月日は経っていません。しかし、実際に手話を用いてみると、きこえないことの二次障害としてコミュニケーション障害を持つ子どもたちが、実にいきいきと遊び、そして暮らす様子がわかります。

人はこの世で唯一「言語」を持つ動物です。言語は人と人とを結びつけ、人を理解し、社会を理解し、自分自身を理解する道具です。きこえない子どもたちが赤ちゃんのときから手話という言語を用いて、お母さんやお父さん、そしてお友だちと楽しく意思を通い合わすことは自然なことです。なぜならば、手話はきこえない子どもたちの言語だからです。

しかし、きこえない子どもの90%は、きこえる人の家庭に生まれます。きこえる家族はほとんどの場合、手話を知りません。そしてきこえない子どもとのコミュニケーションに当惑し、わが子との意思疎通に絶望的になりがちです。

でも、絶望することはありません。今日からあなたもきこえない人たちの言語である手話を使ってみることです。目で見る言語である手話は、きこえない子どもとのコミュニケーションをきっとスムーズに、そして豊かにしてくれることでしょう。

わが子の小さな手が初めて手話という「ことば（手話言語）」を話すのを目にしたとき、きっとその可愛らしさに見とれてしまうことでしょう。それはきこえる子どもが初めて「ことば（音声言語）」を話すのを耳にしたときと同じ感動を覚えるものだと思います。

手話を用いることで、きこえないお子さんたちが家族と、あるいはお友だちと日々わかりあえる時間を共有できることを願って、またご両親には、きこえないお子さんと楽しく豊かなおしゃべりを享受していただくためにこの手話じてんを作成しました。手話は奥の深い言語です。手話言語への入門の第一歩としてこの本を活用していただければ幸いです。

第1章

この「じてん」を使っていただく前に

『親子の手話じてん』の使い方

1.子どもの発達に合わせた表現

この手話じてんは、子どもとくに幼児が表現しやすいこと、イメージしやすいことを大切にして手話を選択しています。それでも、幼児の手・指の機能は未熟ですから、大人のような表現ができないことがあります。例えば、「ママ」という手話は、人差し指を頬につけてから小指を上にあげますが、幼児には難しい動作です。ですから、幼児が表現するときには、直接、小指を頬につけて上にあげる動作になりがちです。でも、この時期はまず親子で通じることが大事ですから、この表現でよいのです。

また、「1000」のように、子どもが視覚的にとらえ、イメージしやすい「1000」と、一般的に使われている「千」とを合わせて収録しています。このように、まずは子どもがイメージしやすい手話を使ってコミュニケーションすることをお勧めします。

それから、片手で行う手話表現は、右手でやっても左手でやっても構いません。自分のやりやすいほうの手で行ってください。

2.日本語と手話の違い

⑴日本語では単一表現だが、手話では複数表現の場合

手話には文脈によって手話表現が異なるものがあります。例えば、日本語では「はさみで切る」も「包丁で切る」も「切る」一語ですが、手話では、①「魚を切る」は、「魚」＋包丁で切る動作、②「紙を切る」は「紙」＋はさみで切る動作、③「木を切る」は「木」＋斧で切る動作、といったように分けて表現します。

この本では、子どもの生活のなかで比較的多く使われる上記①と②について収録しています。また、表示の仕方は、①の場合は、「(包丁で)切る」、②の場合を「(はさみで) 切る」としています。

⑵日本語では複数表現だが、手話は単一表現の場合

逆に、手話では一つの表現ですが、日本語ではいろいろと使い分けている場合があります。例えば、「おやつ、クッキー、お菓子」は手話では同じ表現ですが、日本語ではそれぞれ別です。これに類するものに「寒い・冬」「暑い・夏」「暖かい・春」「涼しい・秋」などがあります。

このような場合は、文脈のなかでどちらかを判断することになりますが、まだ日本語を習得していない幼児の場合には、手話表現だけでなく、日本語(口形・文字・指文字)で単語や文を示すなどの工夫が必要です。こうすることで、子どもは手話と日本語との言語の違いを知り、ふたつの言語の比較・変換ができるようになります。

3.手話を作る工夫も大切

この本では、幼児期に使う手話を中心に収録していますが、ここにはない、ほかのじてんを調べたけれど見つからないという単語も当然あります。そのときは、まず子どもに伝えることを最優先に、身振り(ジェスチャー)で表現してみましょう。「伝えたい」という気持ちがあれば、お子さんはきっとよーく見てくれるはずです。表現した身振りの意味がわかったら、きっと目を輝かせて自分も同様の身振りを返してくれるでしょう。こうして伝え合った身振り表現を、親子や「家庭の手話（ホーム・サイン）」にするとよいと思います。

一般に使われている手話表現は、手話の環境さえあれば自然に身につきますから、この時期に個人的な手話を使っていても大丈夫です。幼児期には、楽しいコミュニケーションをまず心掛けていきましょう。

4.収録されている語彙について

⑴収録語彙数

このじてんには手話が約1200語（日本語としては1350語）収録されています。しかし、5000語とも6000語ともいわれる就学前幼児が習得する語彙をこの一冊に収録することは不可能です。そこで、これまでに出版されてきた『幼児手話辞典』や『聾学校幼児習得語彙調査』などを参考にしながら、収録語彙を選択しました。

⑵収録にあたって配慮したこと

単語の選択にあたっては、現代の幼児の生活にマッチするように配慮し、収録語彙の入れ替えも随時行っています。例えば、このじてんの初版では「人工内耳」「スマホ」などは掲載されていませんでしたし、収録語彙数も現在より50語ほど少ないです。また、幼児の生活や遊

びに必要な単語だけでなく、きこえない子が習得の苦手な、抽象的な概念を表す上位概念語（「乗物・野菜・果物・食べ物・飲み物・動物・生き物」など）も可能な限り取り入れました。

さらに、日本語の文を習得するうえで重要なポイントとなる動詞・形容詞などについては、小学校1年生の国語教科書に出現する動詞・形容詞（形容動詞を含む）のほとんどがカバーできるよう計370語ほど収録しました。

5.地域による手話の違い

ここに収録されている手話の単語は幼児の生活に合わせたもののほかは、主に関東地方で使われている標準的な手話が多くなっています。したがって、日本の各地で使われている手話と異なる場合があります。ぜひ、その地域ではどのような手話を使っているか成人ろう者の方に尋ねてみてください。手話だけでなく、ろう者の生活や手話が否定されてきたかつてのろう教育の歴史など、多くのことを学ぶことができると思います。

6.手話で名前の表現は？

よく質問されることに、名前（固有名詞）の表現があります。残念ながらこの本には載っていません。「花子」「竹男」などは手話で表すことができますが、手話に変えられない名前は、指文字を使って表現します。また、あだ名のようにサインネームを作るのもよいと思いますし、家族のなかではとても便利です。子どもの個性的な特徴やしぐさの特徴、特技などを上手に取り入れて、ぜひ可愛いサインネームを作ってあげてください。

7.家族皆で手話を覚え使いましょう

きこえる人々に囲まれて生活するきこえない子にとって、家族のなかで自分だけがきこえないということは、心理的な孤独感や疎外感が生じやすいということがあります。例えば家族が一緒に食事を楽しんでいるとき、自分だけ周りの会話に入れず、一人黙々と下を向いてご飯を食べている。これを「ディナーテーブル症候群」などと呼んでいますが、こんなとき、家族皆が手話を使えたら、その子はきっとリアルタイムに話題を共有し、自分の思いや考えを伝えることもできるでしょう。そして、周りの人たちが手話を使うことで、きこえない自分が家族に受け容れられ、大切にされていることを実感できるでしょう。さらに、情報がリアルタイムに入ることで、さまざまな知識を身につけ、考える力も育っていくことでしょう。関わる人とのコミュニケーションがあるからこそ、情緒や社会性、積極性や意欲といった非認知的な能力も伸ばすことができると思います。手話は日々の暮らしのなかで使われることで自然習得できる言語です。ぜひ、ご両親、兄弟、家族みんなで手話を覚え使っていただきたく思います。

第2章

手話のじてん

1 動詞
（うごきをあらわすことば）

2 形容詞・形容動詞
（ようすをあらわすことば）

3 副詞・接続詞等
（文をつなげたり、くわしくすることば）

4 名詞
（ものごとのなまえをあらわすことば）

1 動詞（うごきをあらわすことば）

001 あう（会う）・であう

自分が会う　　誰かが誰かと会う

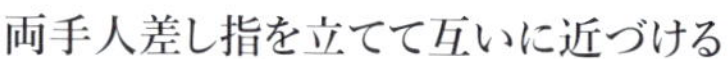

両手人差し指を立てて互いに近づける

002 あう（合う）・ぴったり

両手人差し指の指先をつける

003 （2階に）あがる

階を示す数字を示し、
その上に足に見立てた指を乗せる

004 （おんどが）あがる

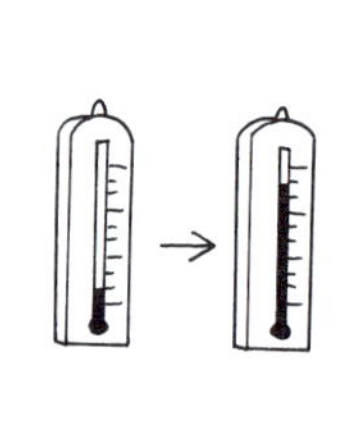

一方の手の平につけた人差し指を上に

005 （あめが）あがる（上がる）・やむ（止む）

開いた手を閉じながら上にあげる

006 （エレベーターが）あがる（上がる）

手の平に中指と人差し指を立て上に動かす

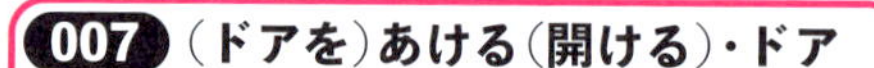

007 （ドアを）あける（開ける）・ドア

戸や窓の種類に応じた動作で

008 （ドアを）あける（開ける）

A

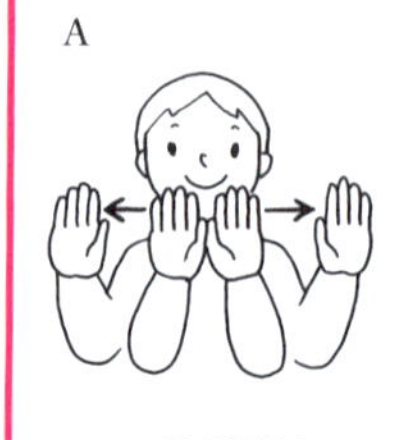

幕が開く

B

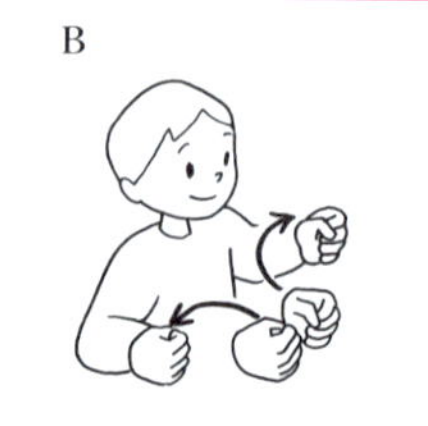

両開きのドアや窓が開く

009 あげる・わたす（渡す）

両手の平を上向きにして物を差し出す動作

010 あそぶ（遊ぶ）・あそび

両手人差し指を交互に前後に振る

011 （人が）あつまる（集まる）

指先を上にして
手の平を向かい合わせ内側に寄せる

012 （ものを）あつめる（集める）

外側から内側に物を集めるしぐさ

013 あらう（洗う）

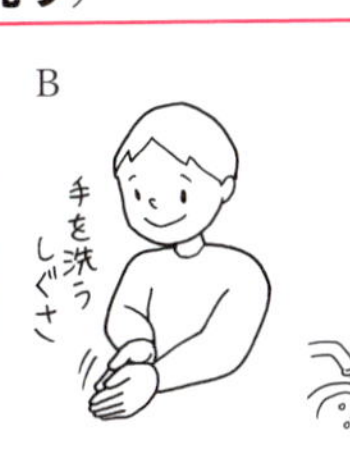

洗う物に応じた動作で

014 ある・～です

前にある物を押さえる感じ

015 あるく（歩く）

人差し指と中指を交互に出して
歩く動作をあらわす

016 あわてる（慌てる）・あわてんぼ

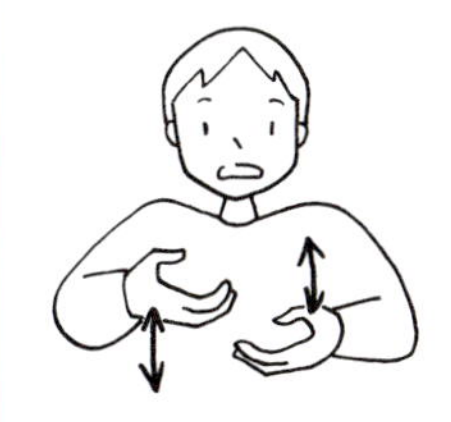

手の平を上にしてバタバタする感じで

動詞（うごきをあらわすことば）

017 いう（言う）

人差し指を口元から前に

018 いく（行く）

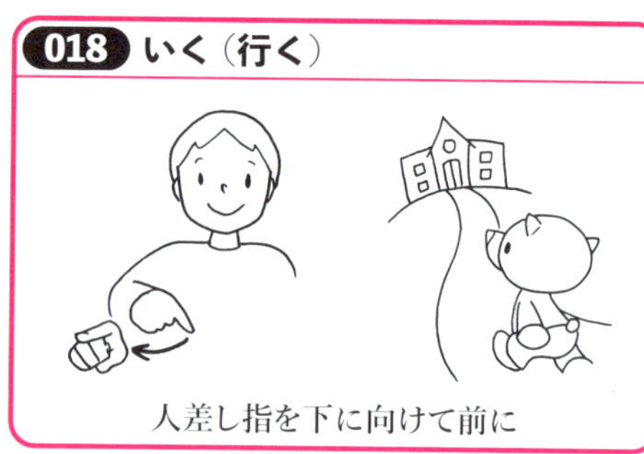

人差し指を下に向けて前に

019 いらない（要らない）

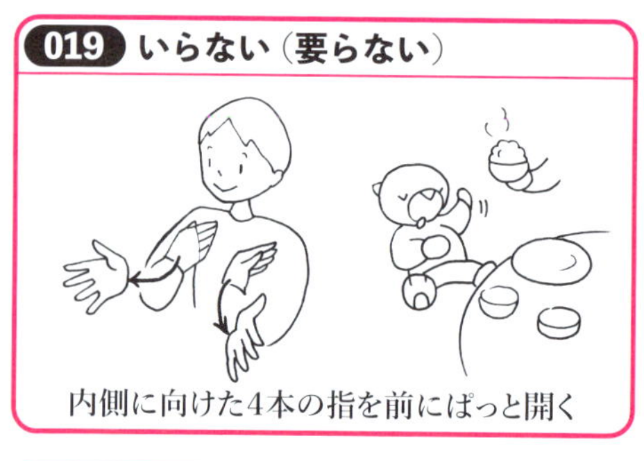

内側に向けた4本の指を前にぱっと開く

020 いる（居る）

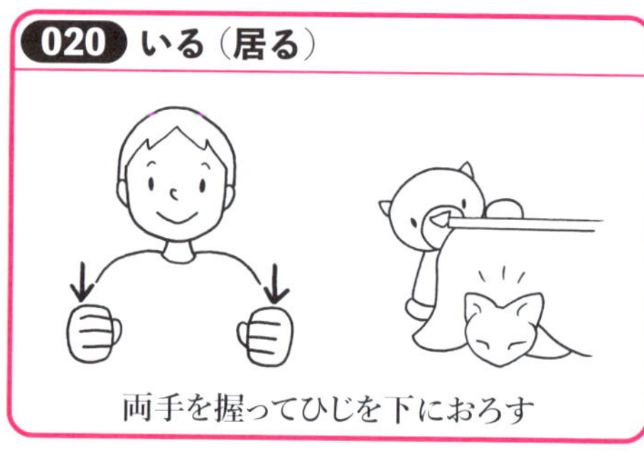

両手を握ってひじを下におろす

021 いる（要る）・ひつよう（必要）

両手の指先を自分に向けて引き寄せる

022 いれる（入れる）

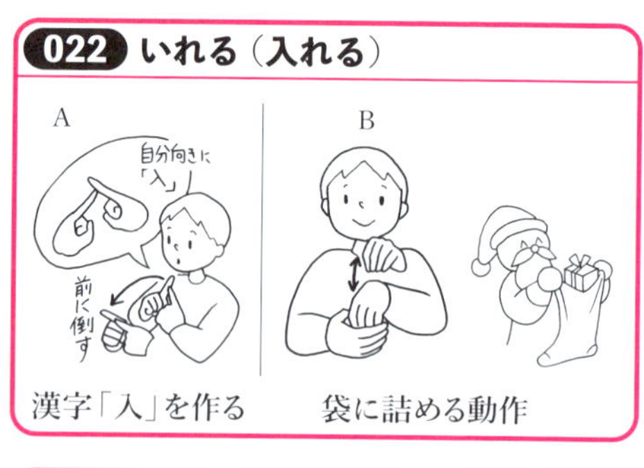

漢字「入」を作る　　袋に詰める動作

023 いわう（祝う）・おめでとう

クラッカーが弾ける感じ

024 うえる（植える）

苗を植える感じ

025 うごく（動く）・じゆう（自由）

拳を握って交互に

026 うたう（歌う）・うた・おんがく（音楽）

指文字「う」を口元から回しながら

027 （ボールを）うつ（打つ）・やきゅう（野球）

①片手の人差し指をバットに、他方の親指と人差し指で玉を作る
②玉を人差し指のバットで打つしぐさ

028 （くぎを）うつ（打つ）・かなづち（金槌）

釘を打つ動作

029 （かがみに）うつる（映る）

片手を鏡に見立てて
一方の手で顔が写る様子をあらわす

030 うまれる（生まれる）・うむ・たんじょう（誕生）

腰の前から手の平を前に出す

031 うる（売る）

片手でお金をもらって、片手で物を渡すしぐさ

032 えらぶ（選ぶ）

中指をつまみ上げる動作

033 おいかける（追いかける）・おう（追う）

人に見立てた指を追いかける

034 おきる（起きる）・あさ（朝）

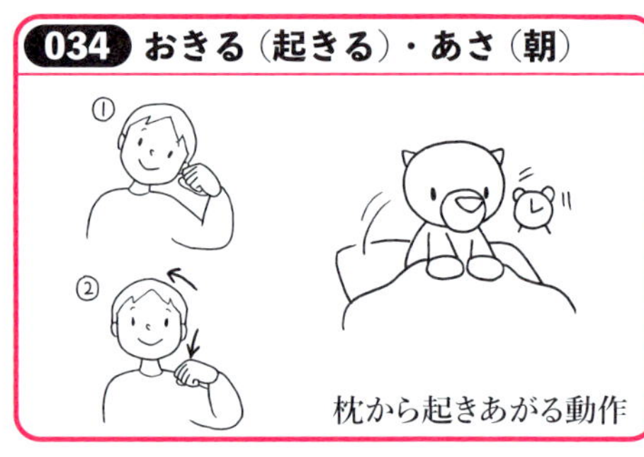

枕から起きあがる動作

035 おく（置く）

指文字「え」の指を曲げて下に置く

036 （てがみを）おくる（送る）

手話「郵便」を前に出す

037 おくる（贈る）・あげる・わたす

手の平の物を差し出す感じ

038 おこす（起こす）

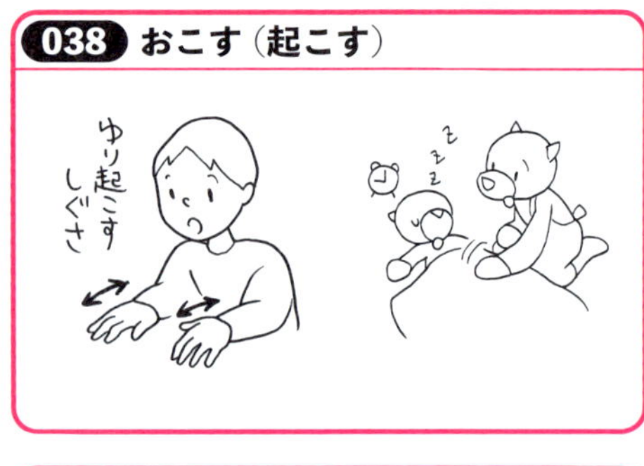

039 おこる（怒る）

両手で胸をかきあげて
怒りがこみ上げる感じをあらわす

040 おこる（怒る）・おこりんぼ

頭から角が出ているしぐさ

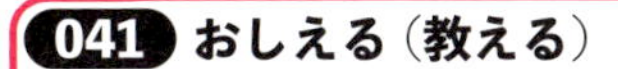

041 おしえる（教える）

人差し指を肩先から前に2回振り出す

042 おす（押す）

両手の平を前に出して押すしぐさ

043 おとす（落とす）

物を下に落とす動作

044 おどる（踊る）・おどり（踊り）

手を振って踊る動作

045 おどろく（驚く）・びっくりする

驚いて飛び上がる感じ

046 おぼえる（覚える）

047 おもいだす（思い出す）

こめかみから人差し指を離す

048 おもう（思う）

人差し指をこめかみにあてる

動詞（うごきをあらわすことば）

049 およぐ（泳ぐ）・すいえい（水泳）・スイミング

050 （のりものを）おりる（降りる）

手の平から降りる感じ

051 （かいだんを）おりる（降りる）

階段を歩いて下りる感じ

052 （紙を）おる（折る）

開いた紙を2つに折りたたむ動作

053 おれる（折れる）・おる（折る）

棒を折る動作

054 おわる（終わる）・おわり（終わり）

開いた両手をすぼめながら下へ

055 かう（買う）

お金を払いつつ物を受け取る

056 かう（飼う）・そだてる（育てる）・せわする

両手の平を向かい合わせて交互に上下する

057 かえる（帰る）

手を閉じながら前方へ

058 かえる（帰る）・かえってくる（帰ってくる）

手を閉じながら引き寄せる

059 かえす（返す）

開いた手の平を前に押し出しながら閉じる

060 （えを）かく（描く）

手の平を内側にして重ね、
内側の手を前の手に打ちつける

061 （字を）かく（書く）

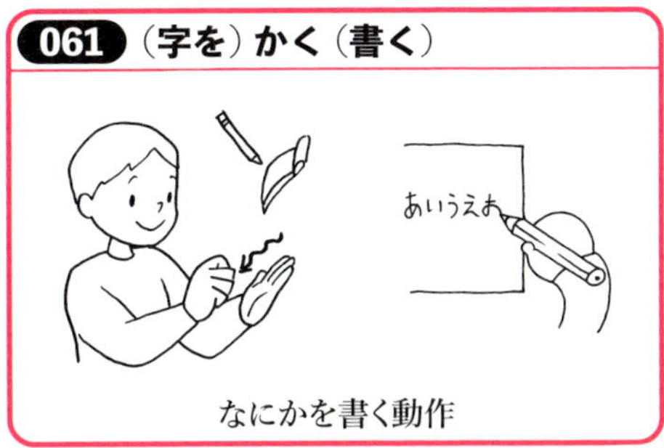

なにかを書く動作

062 （においを）かぐ（嗅ぐ）・（いきを）すう（吸う）

人差し指と中指の2本を鼻に向けて動かす

063 かくす（隠す）・しまう

片方の手の下に他方の手をくぐらせる

064 かくれる（隠れる）

両手で顔を隠し、隠れるしぐさ

065 かざる（飾る）・かざり（飾り）

両手を開いたり閉じたりしながら動かす

066 かす（貸す）

物を差し出す動作。手は閉じない

067 かぞえる（数える）・いくつ

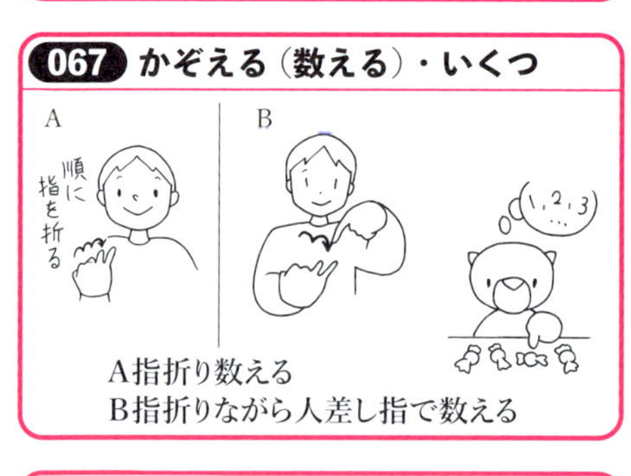

A指折り数える
B指折りながら人差し指で数える

068 かたづける（片付ける）・しまう

向かい合わせた両手を同時に横へ

069 かつ（勝つ）・かち（勝ち）

片手をあげる

070 かぶる（被る）・ぼうし（帽子）

帽子をかぶる動作

071 がまんする（我慢する）

片手親指を立て、その上から
他方の手の平で抑える

072 かみつく（噛みつく）

片方を動物の歯に見立てかみつく動作

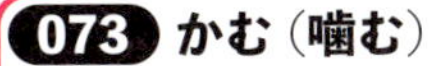

073 かむ（噛む）

歯に見立てた手で噛む動作をする

074 かりる（借りる）

受け取って手前に引き寄せる

075 かわく（乾く）

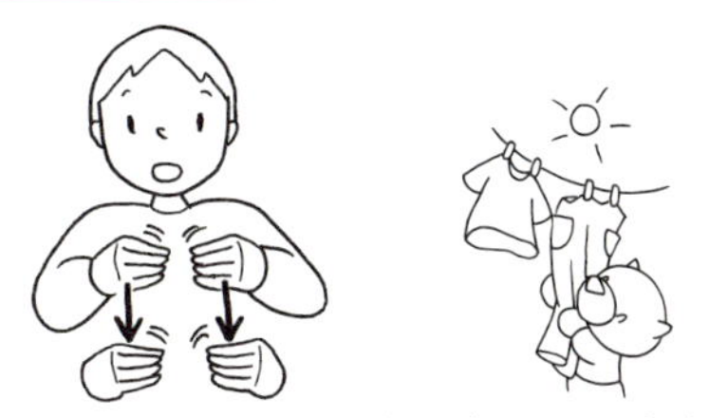

両手をつまみながら、胸の前にさっと出す

076 （のどが）かわく（渇く）

片手で喉元をあおぐ感じ

077 かわる（代わる）・こうたい（交代）

人差し指を立てた腕を交差させる

078 かんがえる（考える）

人差し指をこめかみにあてて

079 がんばる（頑張る）

両手を同時に上下させる

080 （電気が）きえる（消える）・けす（消す）

頭の高さの位置で開いた手をさっとすぼめる

081 きえる（消える）・なくなる

開いた手を内側に向かってすぼめて握る

082 きがえる（着がえる）・きがえ

向かい合わせた両手の親指と人差し指を同時に回す

083 き（気）がつく・かん（感）づく

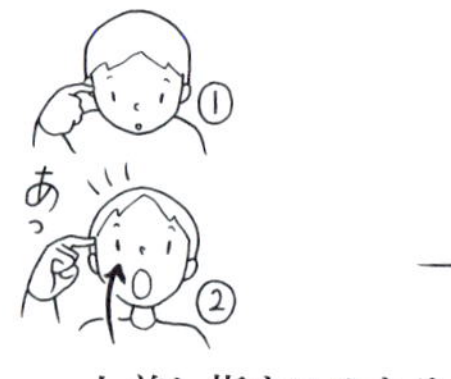

人差し指をこめかみにあて
ハッとした感じで顔をあげる

084 きく（聞く）

耳を澄まして聞き取る感じ

085 きこえる（聞こえる）

指をひらひらさせながら耳に近づける

086 きめる（決める）

人差し指と中指を揃え手の平に打ちつける

087 （はさみで）きる（切る）

手ではさみの形を作り紙を切る

088 （ほうちょうで）きる（切る）

手を包丁に見立てて上下に動かす

089 きる（着る）

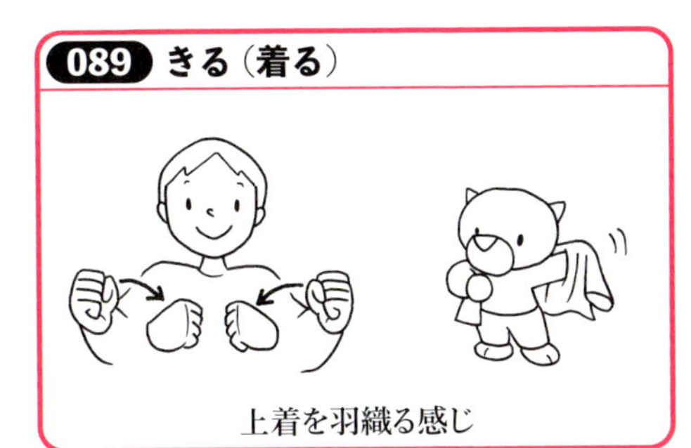

上着を羽織る感じ

090 キレる

頭の上で閉じたはさみをぱっと開いて前に出す

091 くさる（腐る）

①手話「臭い」＋②手話「変わる」

092 くっつく・つける

つまんだ指先をつける

093 くばる（配る）

手の平から物を配る動作を繰り返す

094 くらべる（比べる）

両手を交互に上下する

095 くりかえす（繰り返す）

向かい合わせた人差し指を交互に回す

096 くる（来る）

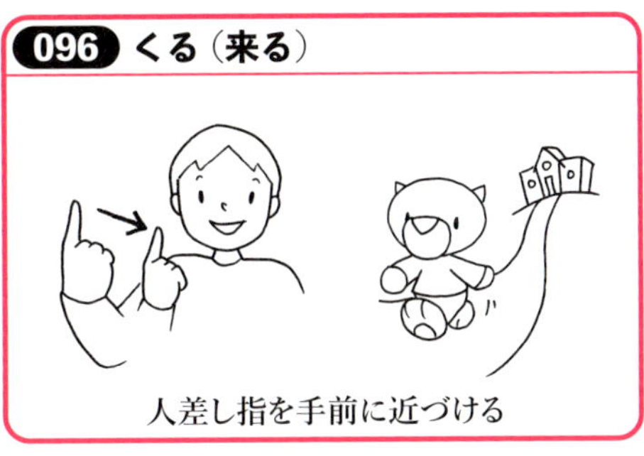

人差し指を手前に近づける

097 （ボールを）ける（蹴る）・サッカー

①人差し指と中指を足に見立て、片手の人差し指と親指でボールをあらわす
②見立てた足でボールをけるしぐさ

098 こげる（焦げる）・こげ

手話「焼く」＋「黒」＝「焦げる」

099 こたえる（応える）・こたえ（答え）

L字型に曲げた指を前に出す

100 こぼす

コップの水をこぼす動作

101 こまる（困る）

前後に頭をかく動作

102 ころがる（転がる）

人差し指でボールが転がる様子をあらわす

103 ころぶ（転ぶ）

地面の上で転ぶ感じ

104 こわす（壊す）・おる（折る）

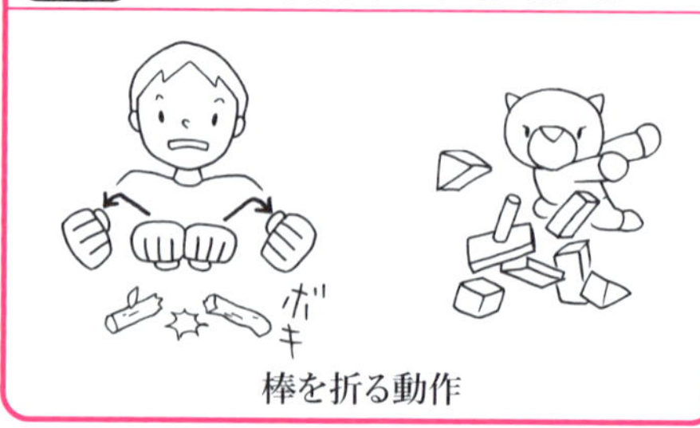

棒を折る動作

105 さがす（探す）

指文字「め」をクルクル動かす

106 （うしろに）さがる（下がる）

指を足に見立てて後ろに下がる

107 （たかさが）さがる（下がる）

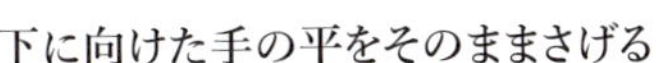

下に向けた手の平をそのままさげる

108 （おんどが）さがる（下がる）

人差し指を手の平につけ下に移動

109 （エレベーターが）さがる（下がる）

手の平に2本指を乗せて下にさげる

110 さく（咲く）・はな（花）

手の平を合わせてねじりながら開く

111 さそう（誘う）・よぶ（呼ぶ）

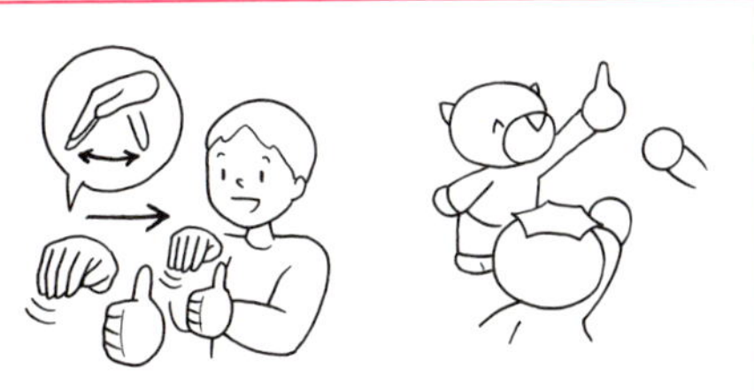

親指を人に見立ててこちらに呼びこむ

112 さめる（覚める）・おきる（起きる）

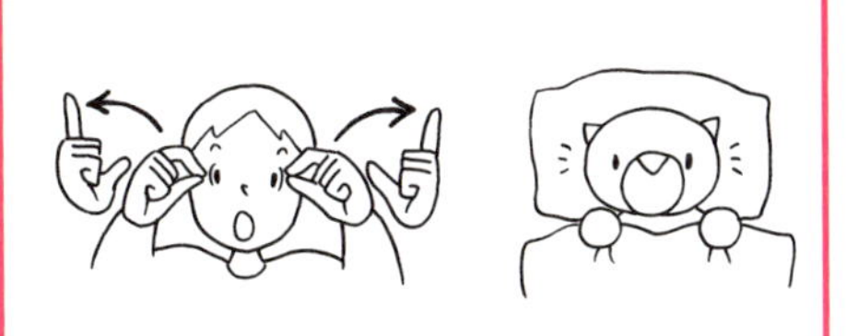

親指と人差し指を同時に開き
目が覚める様子をあらわす

113 さわぐ（騒ぐ）・まざる（混ざる）・にぎやか

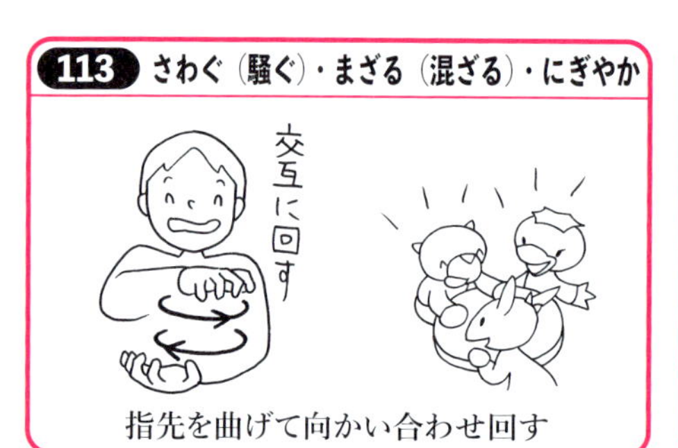

指先を曲げて向かい合わせ回す

114 さわる（触る）・ふれる（触れる）

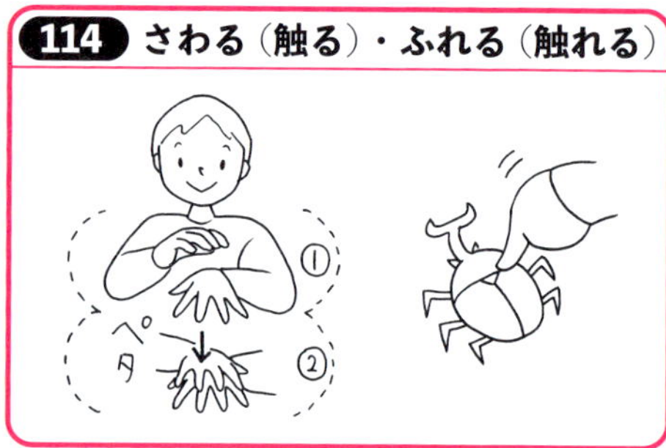

115 しかる（叱る）・おこる（怒る）

親指を人に見立てて怒鳴る感じ

116 しく（敷く）

敷いて広げる感じ

117 したくする・じゅんび（準備）する

向かい合わせた手の平を横から前に持ってくる

118 しぬ（死ぬ）

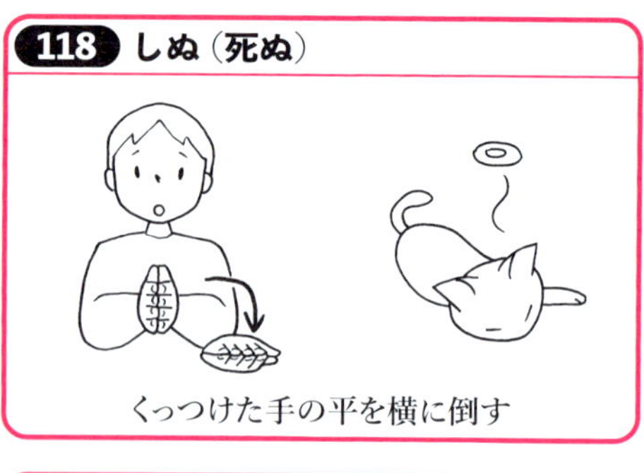

くっつけた手の平を横に倒す

119 しぼる（絞る）

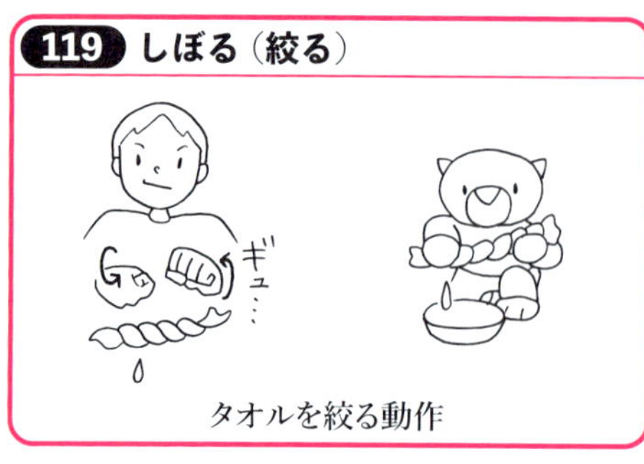

タオルを絞る動作

120 しめる（閉める）

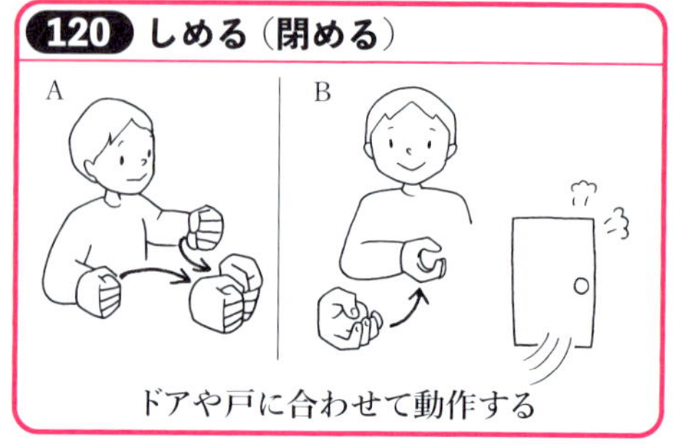

ドアや戸に合わせて動作する

121 しめる（閉める）

幕を閉める　シャッターをおろす

122 （かぎを）しめる・かける

鍵をかける動作

123 しゃべる（喋る）・はなす（話す）

口元から閉じた手を開きながら前に

124 しらない（知らない）・わからない（分からない）

腕の付け根辺りの肩を2、3回軽くはらう

125 しらべる（調べる）

折り曲げた指を目の前で左右に

126 （ストローで）すう（吸う）

ストローで飲むしぐさ

127 （いきを）すう（吸う）・（においを）かぐ（嗅ぐ）

鼻に息を吸い込むしぐさ

128 すてる（捨てる）

つまんだ物を捨てる動作

動詞（うごきをあらわすことば）

129 すべる（滑る）

合わせた手の平を滑らせる

130 （いすに）すわる（座る）

2本の指を椅子に見立てて座る感じ

131 （ゆかに）すわる（座る）

手の平を床に見立てて指を曲げて座る

132 だく（抱く）・にんぎょう（人形）

人形を抱くしぐさ

133 たたかう（戦う）・あらそう（争う）

指を開いた両手指を互い前後にこすり合わせる

134 （たいこを）たたく（叩く）・たいこ（太鼓）

バチで太鼓を叩く動作

135 たたく（叩く）・なぐる

人を殴るしぐさ

136 （ドアを）たたく（叩く）・ノック

ドアを叩く動作

137 たたむ

服をたたむ動作

138 たつ（立つ）

両足に見立てた2本の指を手の平に立たせる

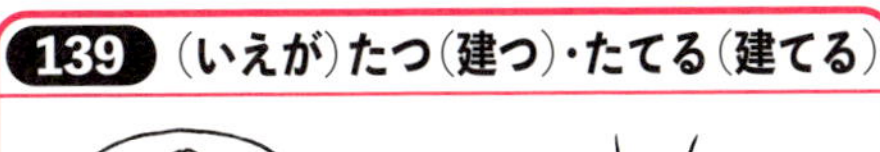

139 （いえが）たつ（建つ）・たてる（建てる）

家の屋根を作り立ち上げる

140 たのむ（頼む）・おねがいする

両手を合わせてお願いする動作

141 たべる（食べる）

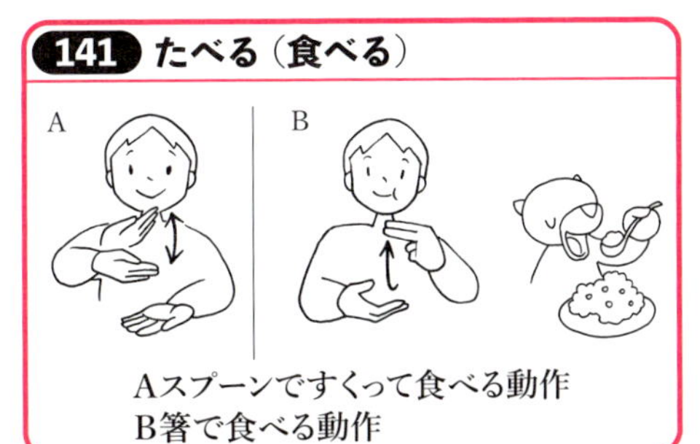

Aスプーンですくって食べる動作
B箸で食べる動作

142 だまる（黙る）

口にチャックする

143 ためす（試す）

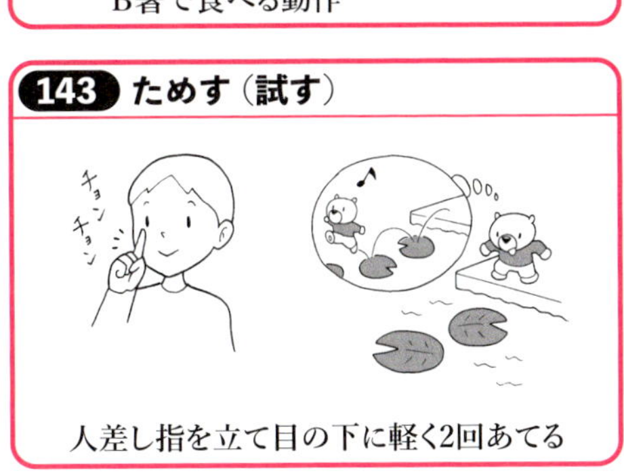

人差し指を立て目の下に軽く2回あてる

144 ちがう（違う）

親指と人差し指を
直角に交互に向かい合わせ回転させる

145 ちぎる

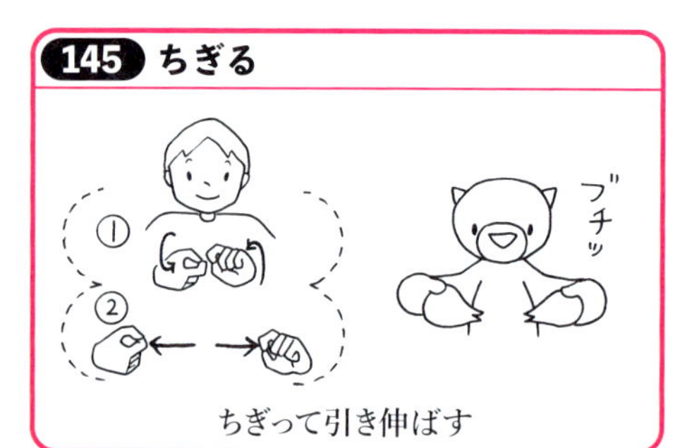

ちぎって引き伸ばす

146 チャレンジする

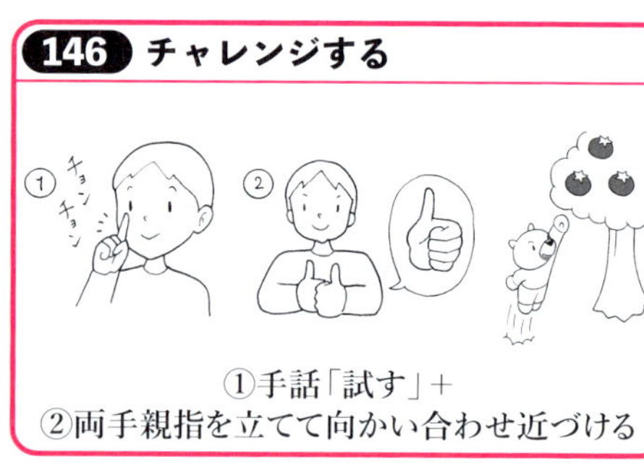

①手話「試す」＋
②両手親指を立てて向かい合わせ近づける

147 ちゅうい（注意）する・き（気）をつける

胸の前で両手を上下に重ねて
握りながら引き寄せる

148 ちらかす（散らかす）

物をあちこち置く感じ

149 つかう（使う）

手の平からお金が出ていく感じ

150 つかまる（捕まる）・つかまえる

手錠をかけられるしぐさ

151 （てすりに）つかまる（掴まる）

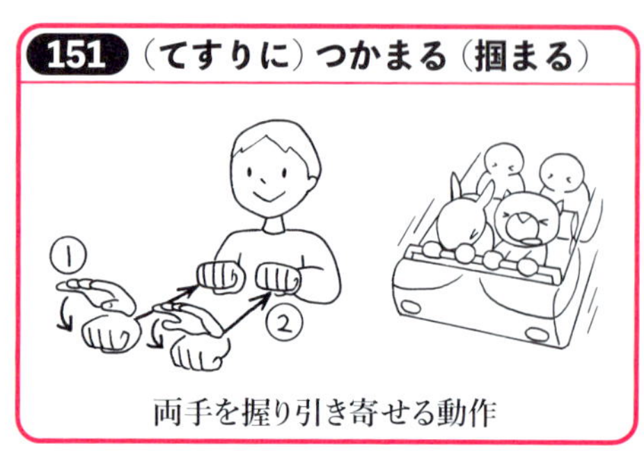

両手を握り引き寄せる動作

152 つかむ（掴む）

物を掴んで引き寄せる動作

153 （おまけが）つく（付く）・ふくむ（含む）

手の平で蓋をする動作

154 （でんきが）つく（点く）・つける

頭の位置で軽く握った手を下に向けて開く

155 つくる（作る）

上の握り拳と下の握り拳を打ち合わせる

156 つづく（続く）・ずっと

つなげた輪っかを前に出す

157 つつむ（包む）

物を紙・布などでふっくらと包む動作

158 つなぐ（繋ぐ）

左右から近づけた両手を中央で輪につなぐ

159 つねる・きびしい

つねる動作

160 つぶれる・つぶす

物をつぶす感じ

161 つる（釣る）・さかなつり（魚釣り）

人差し指を釣り竿に見立てて

162 でかける（出かける）・でる（出る）

家の屋根を作り、そこから親指が出ていく

163 できる・だいじょうぶ（大丈夫）

4本の指を胸につけ反対の胸に移動

164 てつだう（手伝う）・たすける（助ける）

立てた親指を後ろから手の平で後押し

165 （くるまが）とおる（通る）

車に見立てた手を動かす

166 とける（溶ける）

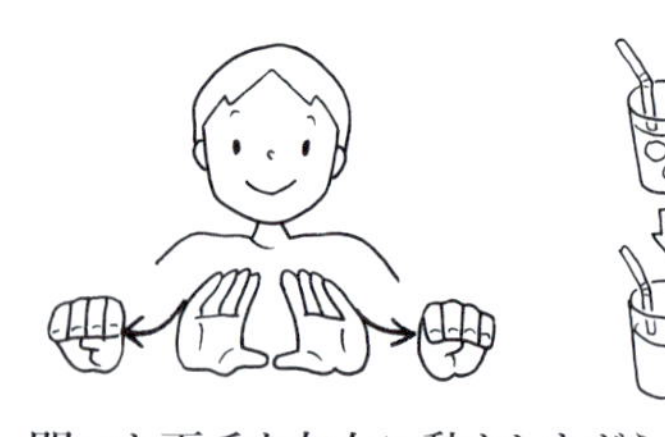

開いた両手を左右に動かしながらすぼめる

167 （ひこうきが）とぶ（飛ぶ）・ひこうき（飛行機）

飛行機に見立てた手を前に出す

168 （とりが）とぶ（飛ぶ）・とり（鳥）

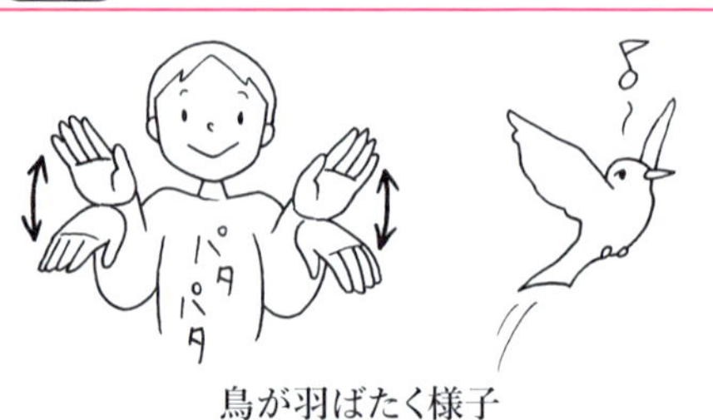

鳥が羽ばたく様子

169 （くるまが）とまる（止まる）・ていしゃする

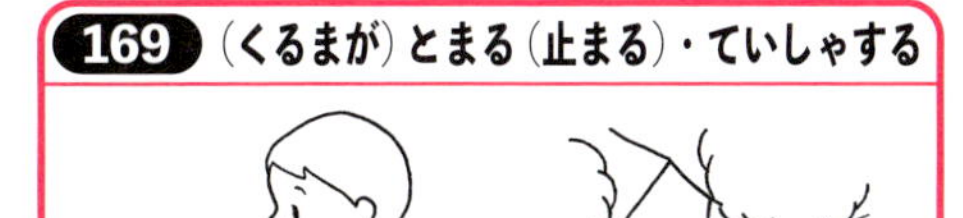

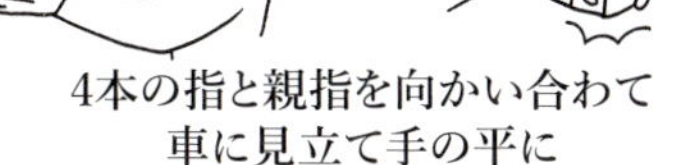

4本の指と親指を向かい合わて
車に見立て手の平に

170 とる（取る）

物を掴み取る感じ

171 （しゃしんを）とる（撮る）

開いた手の平を引きながらつぼめる

172 なおる（直る）・なおす

両手で握った棒を立てる感じ

173 なく（泣く）

泣くしぐさ

174 なくなる・なくす・きえる（消える）

開いた手を近づけ交差させる

175 なげる（投げる）

投げる動作

176 なでる・ふれる（触れる）

手の甲を他方の手の平でなでる動作

177 にぎる（握る）

物を握る動作

178 にげる（逃げる）・さぼる

手を振って逃げるしぐさをする

179 ～になる

手の平を内側にして左右から交差させる

180 にる（煮る）・ゆでる・たく（炊く）・やく（焼く）

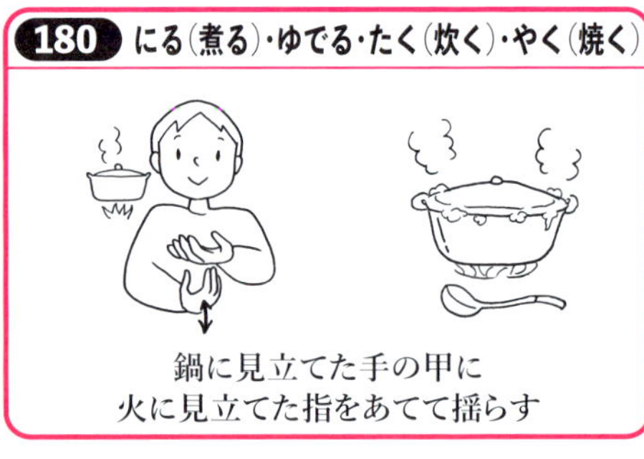

鍋に見立てた手の甲に
火に見立てた指をあてて揺らす

181 にる（似る）・にている・～みたい

立てた小指を軽く触れ合わせる

182 ぬう（縫う）

針で縫う動作

183 ぬぐ（脱ぐ）

両手を広げて服を脱ぐ動作

184 ぬれる（濡れる）・びしょびしょ

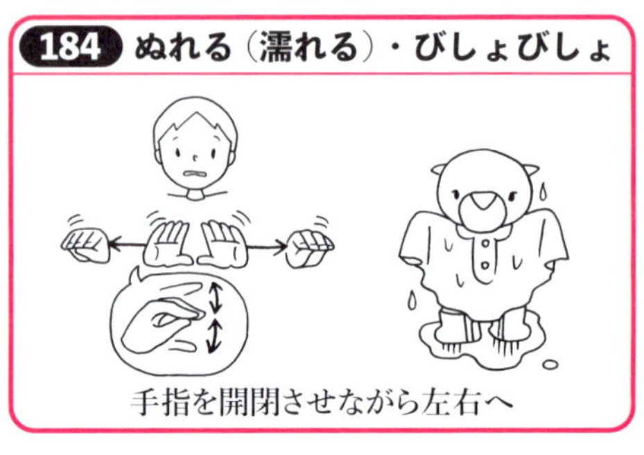

手指を開閉させながら左右へ

185 ねる（寝る）・とまる（泊まる）

枕に見立てた握り拳に頭を乗せるしぐさ

186 のこる（残る）・のこす（残す）・あまる（余る）

手の平の物をすくい取る感じ

187 のびる（伸びる）・のばす（伸ばす）

餅を左右に伸ばす感じ

188 （かいだんを）のぼる・あがる（上がる）

指を動かしながら上に移動

189 （日が）のぼる（昇る）・ひので（日の出）

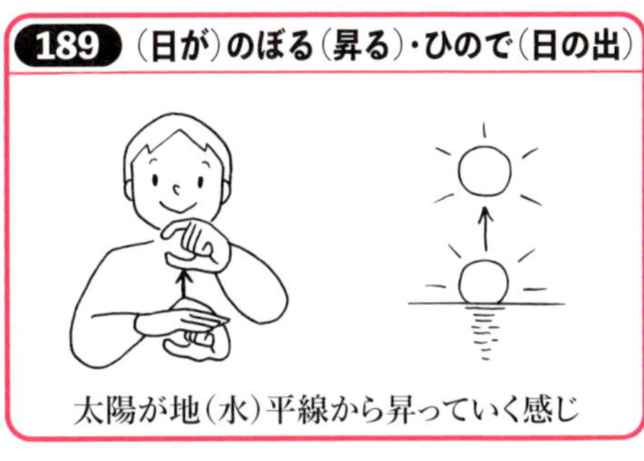

太陽が地（水）平線から昇っていく感じ

190 のむ（飲む）

コップで飲む動作

191 のる（乗る）

乗り物に見立てた手の平に乗る

192 はいる（入る）

漢字「入る」を指で作り前に倒す

193 （くさが）はえる（生える）

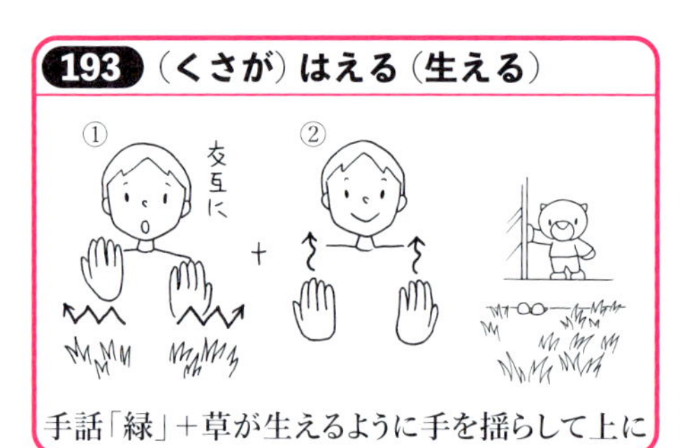

手話「緑」＋草が生えるように手を揺らして上に

194 （シールを）はがす

シールを剥がす感じ

195 （くつを）はく（履く）・くつ（靴）

紐を掴んで引き上げる感じ

196 （ズボンを）はく（履く）

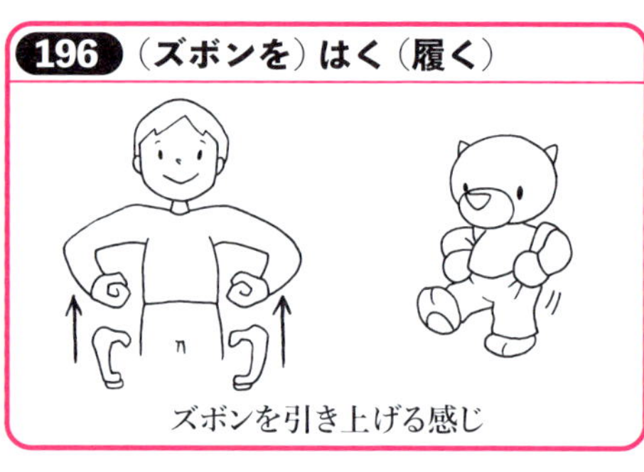

ズボンを引き上げる感じ

197 はく（掃く）

ほうきで掃く動作

198 はく（吐く）

物を吐き出すしぐさ

199 はこぶ（運ぶ）

物を持ち上げて横に移す

200 はさむ（挟む）

両手で物を挟む感じ

201 はじめる（始める）・はじまる・ひらく（開く）

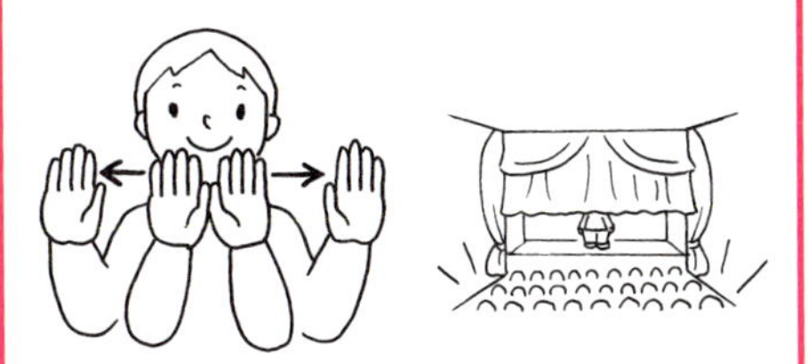

左右に幕が開く感じ

202 はしる（走る）

腕を前後に振って走る感じ

203 はたらく（働く）・しごと（仕事）

書類を左右からかき集める感じ

204 はなす（話す）・いう（言う）

人差し指を立てて口元から前に出す

205 はなれる（離れる）・わかれる（別れる）

手の甲をくっつけて左右に引き離す

206 はれる（晴れる）・あかるい（明るい）

体の前で手を交差させ左右に開く

207 ばれる

両手の平を内に向け、
やや開いた指を交差させる

208 ひかる（光る）・あかり（明かり）

すぼめた手をパッと開く

動詞（うごきをあらわすことば）

209 （つなを）ひく（引く）・ひっぱる（引っ張る）

ロープをたぐり寄せる動作

210 （せんを）ひく（引く）・よてい（予定）

鉛筆で定規に沿って線を引く感じ

211 ひっこす（引っ越す）・ひっこし（引っ越し）

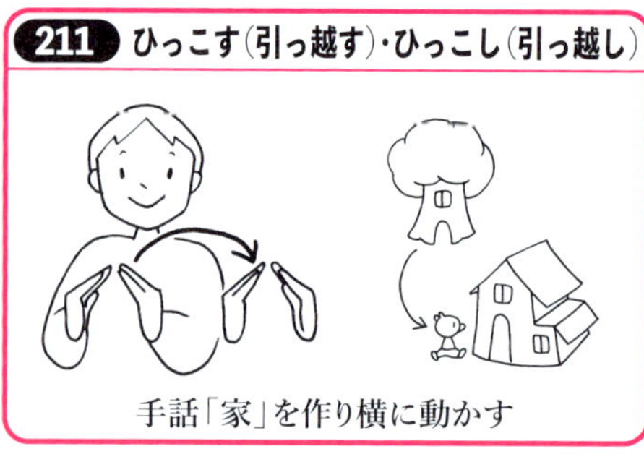

手話「家」を作り横に動かす

212 ひやす（冷やす）・ひえる（冷える）

①指先を少し揺らしながら引き上げる
②「寒い」の手話

213 ひろう（拾う）

物を拾うしぐさ

214 ふえる（増える）

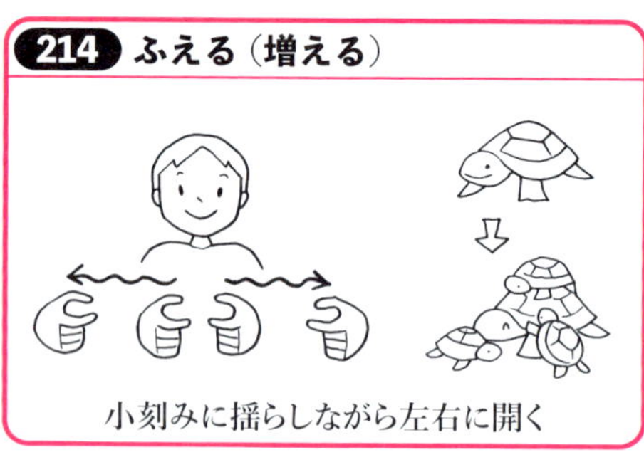

小刻みに揺らしながら左右に開く

215 （つくえを）ふく（拭く）

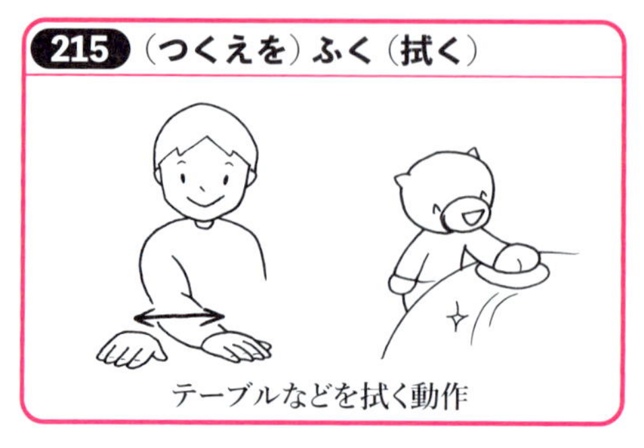

テーブルなどを拭く動作

216 ふざける

ふざけているしぐさ

217 ぶつかる

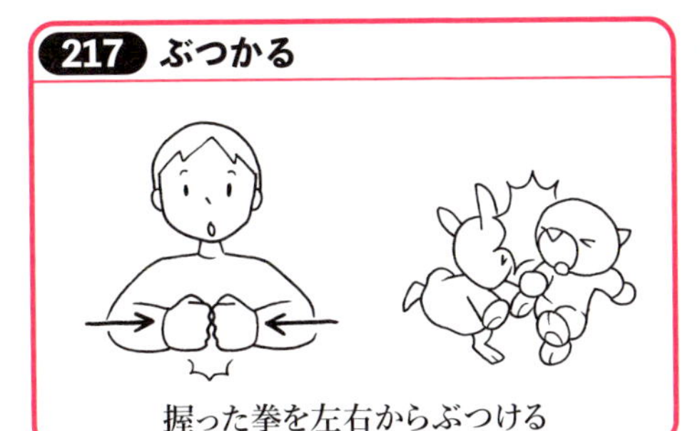

握った拳を左右からぶつける

218 ふとる（太る）・ふとい（太い）

向かい合わせた手の平を横に広げる

219 ふむ（踏む）

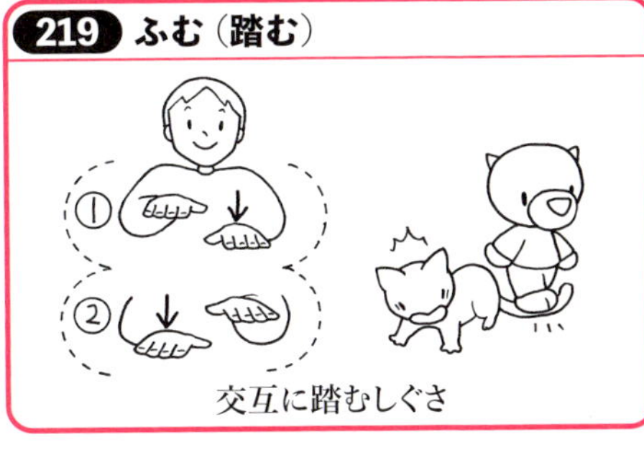

交互に踏むしぐさ

220 （あめが）ふる（降る）

両手を開き雨が降る感じ

221 （ゆきが）ふる（降る）

雪が降る感じで揺らしながら

222 （はたを）ふる（振る）

両手で旗を持って左右に振る動作

223 （すずを）ふる（振る）・すず（鈴）

鈴を持って振る動作

224 へる（減る）・へらす（減らす）

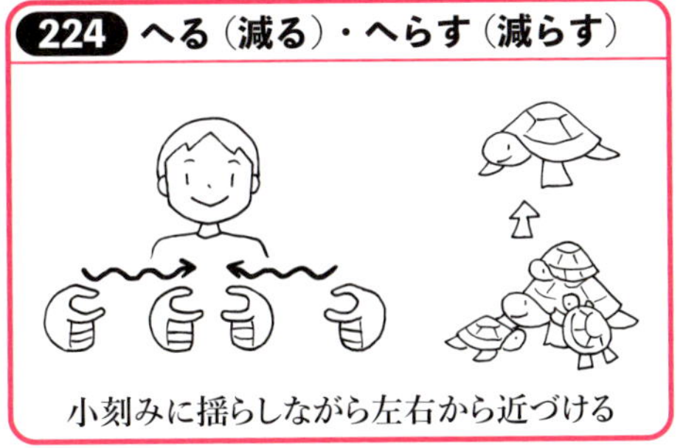

小刻みに揺らしながら左右から近づける

225 ほめる

よしよしする感じで

226 ほる（掘る）

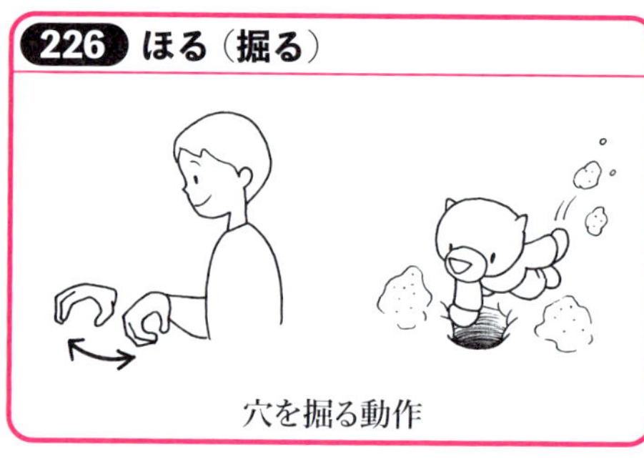

穴を掘る動作

227 （かどを）まがる（曲がる）

228 （いとを）まく（巻く）

ねじなどを巻く感じ

229 まける（負ける）・まけ（負け）

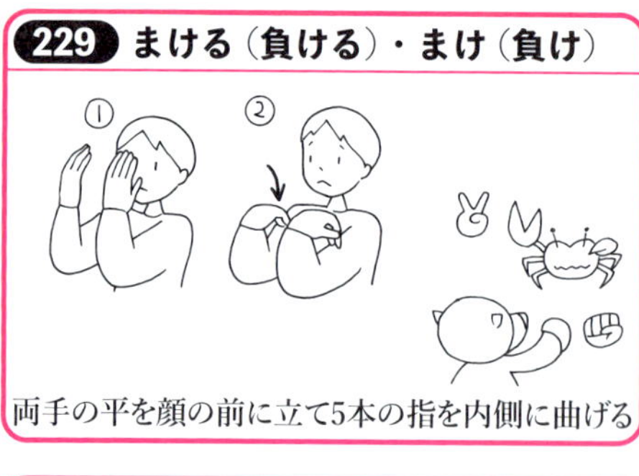

両手の平を顔の前に立て5本の指を内側に曲げる

230 まげる（曲げる）

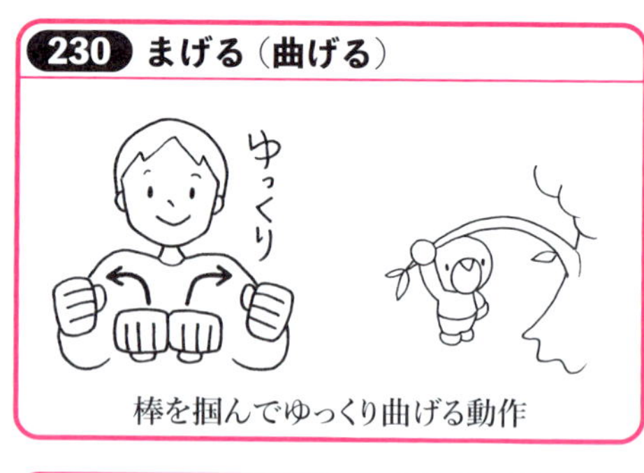

棒を掴んでゆっくり曲げる動作

231 まざる（混ざる）・まじる（混じる）

指文字「え」を上下に向かい合わせ回す

232 まちがえる（間違える）・あやまる（誤る）

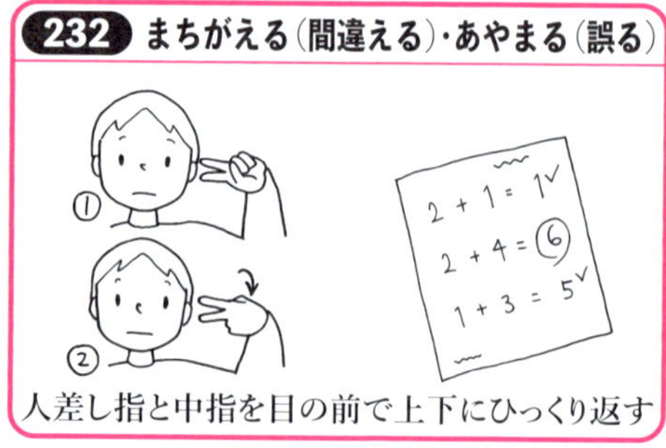

人差し指と中指を目の前で上下にひっくり返す

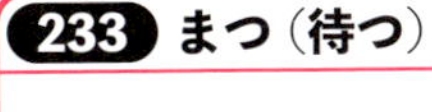

233 まつ（待つ）

あごの下に4本の指をつける

234 まねる（真似る）・まねっこ

物をつまんで額につける感じ

235 まわる（回る）

人差し指でこまが回る様子をあらわす

236 みがく（磨く）

ブラシで物を磨く動作

237 （はを）みがく（磨く）

歯ブラシで歯を磨く動作

238 みせる（見せる）

手話「見る」+「どうぞ」

239 みられる（見られる）・みて（見て）

他者の視線が
自分に向けられている様子をあらわす

240 みる（見る）

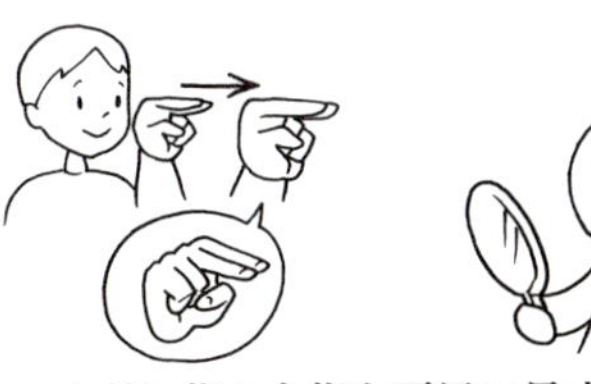

人差し指と中指を両目に見立てて
前方に視線を送る

241 むかう（向かう）・むく（向く）

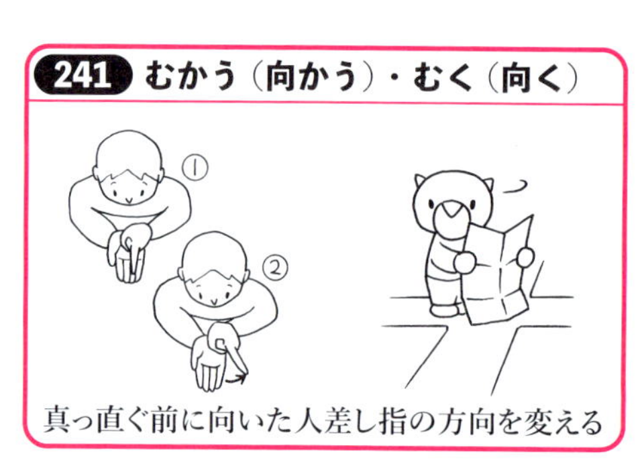

真っ直ぐ前に向いた人差し指の方向を変える

242 （バナナを）むく（剥く）

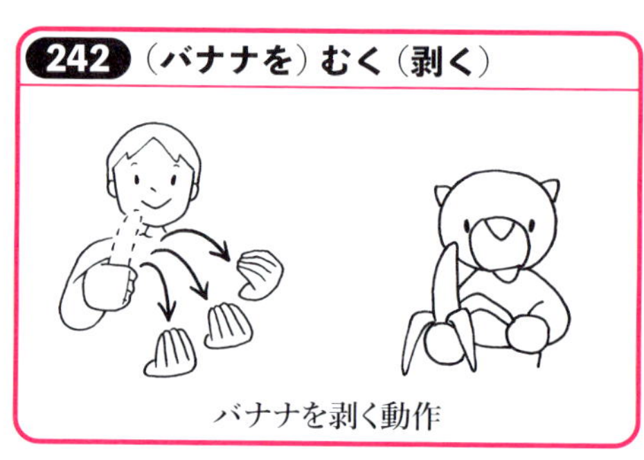

バナナを剥く動作

243 （りんごを）むく（剥く）

りんごを剥く動作

244 むす（蒸す）

湯気が立ち上る様子

245 むすぶ（結ぶ）・つまり

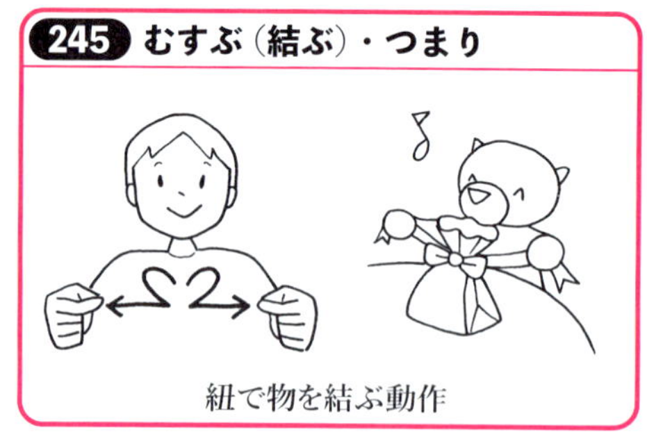

紐で物を結ぶ動作

246 （ページを）めくる

ページをめくる動作

247 もえる（燃える）・ひ（火）

手を揺らしながら上に

248 もつ（持つ）

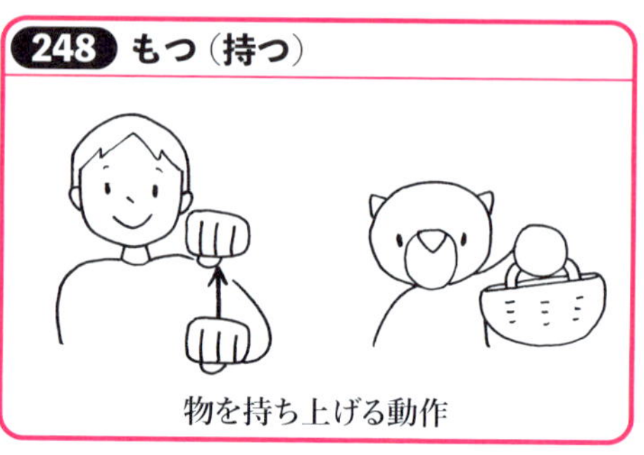

物を持ち上げる動作

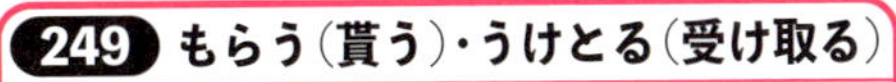

249 もらう（貰う）・うけとる（受け取る）

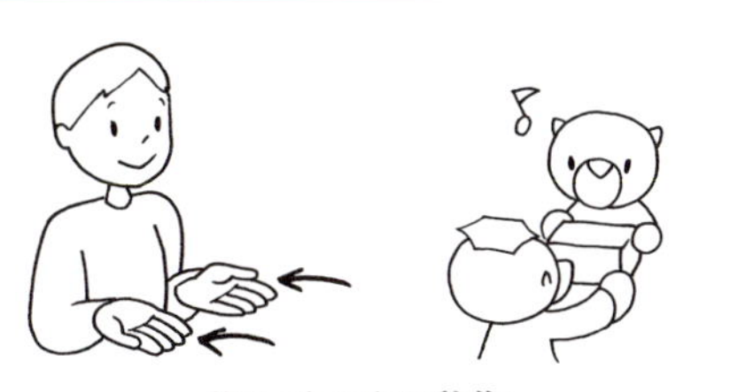

物を受け取る動作

250 やく（焼く）・にる（煮る）

下から火で焼いている様子をあらわす

251 やせる（痩せる）

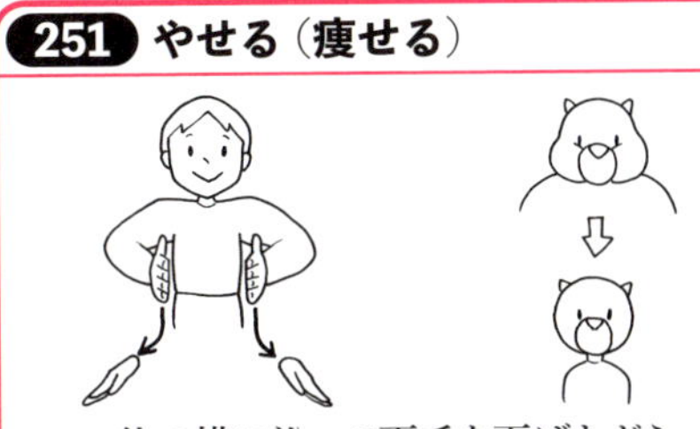

体の横に沿って両手を下げながら
外側に広げていく

252 （やくそくを）やぶる（破る）

絡めた小指を離して約束を破る様子をあらわす

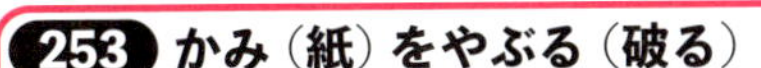

253 かみ（紙）をやぶる（破る）

紙を破る動作

254 やめる（止める）・ちゅうし（中止）

手の平に手刀を上からおろす

255 やる・する

両手を握って前に出す

256 ゆれる（揺れる）

手の平を上にして前後に動かす

257 よごす（汚す）・よごれる・きたない（汚い）

5本の指を曲げて一方の手の平を叩く

258 よぶ（呼ぶ）

手招きをするしぐさ

259 よむ（読む）

人差し指と中指を目に見立てて本を読むしぐさ

260 わかる（分かる）・しる（知る）

261 わける（分ける）

手の平の上に乗せた物を分けるように
手刀を切る

262 わすれる（忘れる）

頭の横で握った拳をパッと開く

263 わらう（笑う）・おかしい

手を口にあて軽く動かす

264 （たまごを）わる（割る）・たまご（卵）

両手で卵を割るしぐさ

会話の見える素敵な家族

T君は3歳の男の子。最近、ある遠くの島から都会に引っ越してきました。Tくんが育った島にはろう学校はありません。ママは一度だけ船に乗って本土のろう学校に相談に行ったことがあります。そこで買い求めた手話辞典を頼りに独学で手話を勉強しました。

ママはT君に覚えた手話を使っていろんなことを伝えます。T君はそんなママの話にいつでも目を輝かせています。そしてママよりもっと上手な身振りを使ってママの話に応えるのです。

そんなT君の日課は、パパに今日あったことを話すことです。ある日、T君はスイミングの体験教室に入りました。しかし、ママと離れたT君は不安がいっぱいで体験教室が終わるまでずっと泣いていました。でも教室が終わってから、「よく頑張ったね」とママはT君を初めてマクドナルドに連れて行ってくれました。

その日帰宅したパパに、T君はポテトの袋を見せ、「あむあむって食べたんだよ」とだけ報告しました。そこでママは、パパに手話と身振りで「先生にだっこされて、ずっと泣いていたのよ」と話しました。するとそれを見ていたT君は「言わないで」というようにママの手を叩きました。ママはT君のプライドを感じ、「ごめんごめん。Tは頑張ったんだよね」と謝りました。

パパとママの会話が見えるってきこえない子にとって本当に幸せなことだと思います。T君を家族の一員として自然に受け容れ、皆で手話で話している。本当に素敵なご両親だなと思います。

2 形容詞・形容動詞（ようすをあらわすことば）

001 あかるい（明るい）

交差させた手を左右に開く

002 あさい（浅い）

向かい合わせた下方の手の平を上に

003 あたたかい（暖かい）・はる（春）

下方から空気をすくい上げる感じ

004 あたらしい（新しい）

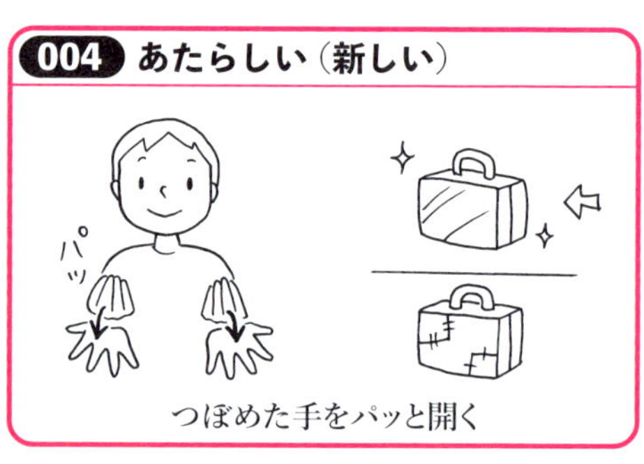

つぼめた手をパッと開く

005 あつい（熱い）

熱い湯に手を入れて驚いて引く感じ

006 あつい（暑い）・なつ（夏）

うちわであおぐしぐさ

007 あぶない（危ない）・きけん（危険）

5本の指の指先を曲げ胸を叩く

008 あまい（甘い）・さとう（砂糖）

手の平で口の周りをグルッと回す

009 あやしい（怪しい）・おかしい

首をかしげ人差し指をあごにあてる

010 いい・よい（良い）

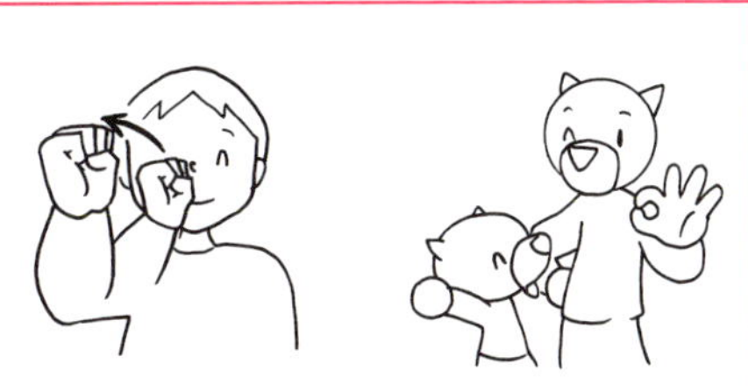

天狗の鼻を作る感じ

011 いそがしい（忙しい）

5本の指を曲げ下に向けて回す

012 いたい（痛い）

5本の指を曲げて（指文字「え」）左右に振る

013 （厚さが）うすい（薄い）

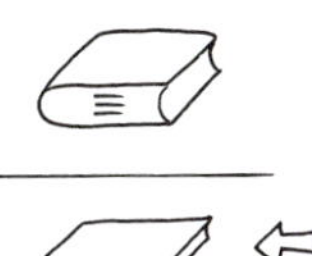

向かい合わせた親指と4本の指をすぼめ
薄さをあらわす

014 （色が）うすい（薄い）

手の平を下に向けて左右に動かす

015 うるさい・やかましい

内側に向けた拳で頭を叩く

016 うれしい（嬉しい）・よろこぶ（喜ぶ）

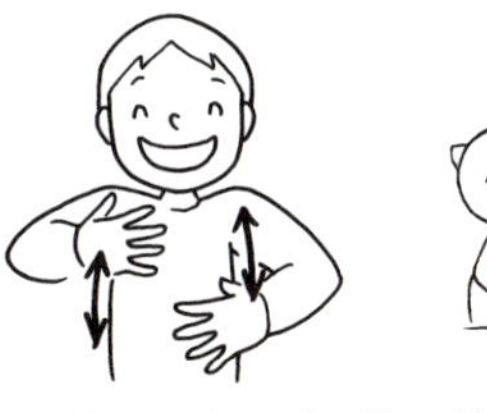

開いた手の平で胸の前を交互に上下

形容詞・形容動詞（ようすをあらわすことば）

017 えらい（偉い）・りっぱ・すばらしい

親指と4本の指をつけて横に動かす

018 おいしい（美味しい）・うまい

頬を軽く叩く

019 おおい（多い）・たくさん（沢山）

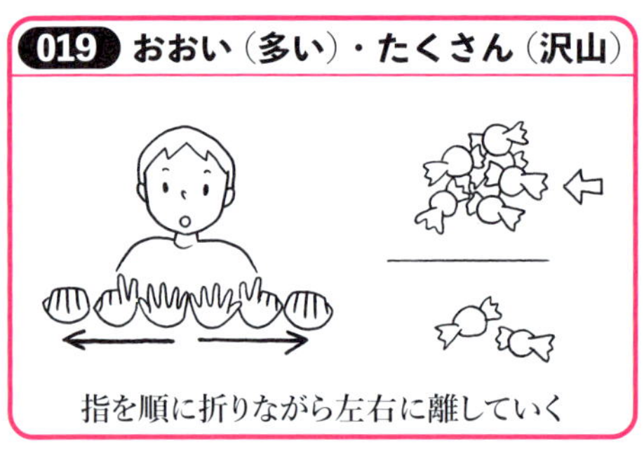

指を順に折りながら左右に離していく

020 おおきい（大きい）

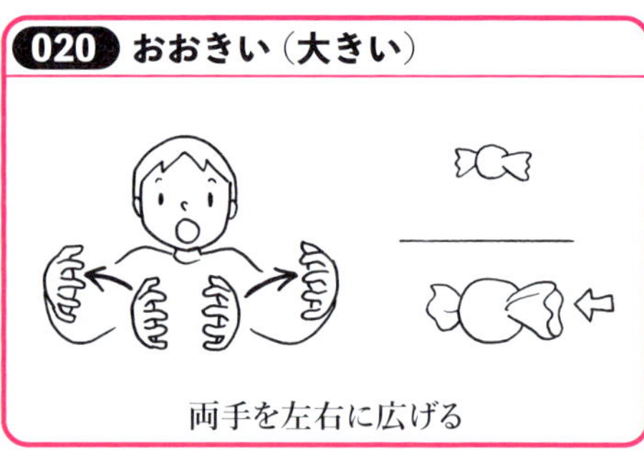

両手を左右に広げる

021 おそい（遅い）・おくれる・ちこく

手刀を手首の上で前方に滑らす

022 おもい（重い）・おもたい（重たい）

重い物を持っている感じで手を下に

023 おもしろい（面白い）・おかしい

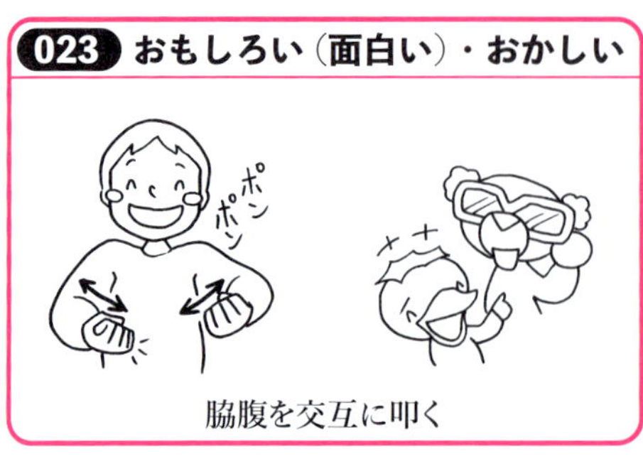

脇腹を交互に叩く

024 かたい

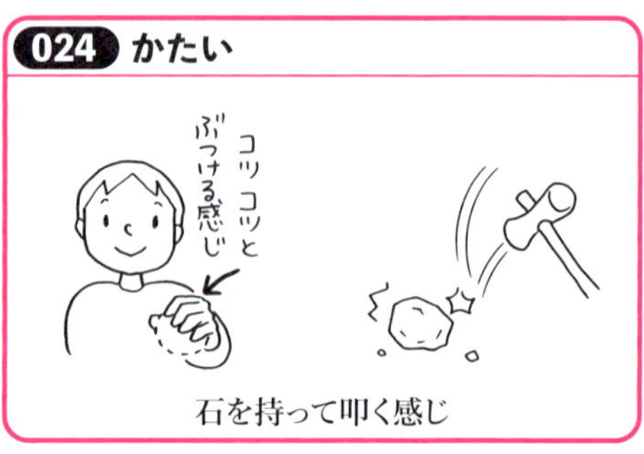

石を持って叩く感じ

025 かなしい（悲・哀しい）・かわいそう

つまんだ指先を目尻から下へさげるしぐさ

026 かゆい（痒い）

腕をかくしぐさ

027 からい（辛い）

5本の指を曲げて（指文字「え」）口の前で回す

028 かるい（軽い）

両手で軽い物を持ち上げるしぐさ

029 かわいい（可愛い）

グーの手の甲を手の平でなでる

030 かわいそう

つまんだ指先を目尻から下へさげるしぐさ

031 きたない（汚い）・よごす（汚す）

わしづかみの形で一方の手の平を叩く

032 きもちいい（気持ちいい）

手の平で胸を上下にさする

033 きもちわるい（気持ち悪い）

034 きらい（嫌い）・いや

あごの下で人差し指と親指をつけ、前に出しつつ指を開く

035 きれい・うつくしい（美しい）

手の平でもう一方の手の平をなでる

036 くさい（臭い）・におい・におう

鼻をつまんで臭い様子をあらわす

037 くすぐったい

くすぐったい様子をあらわす

038 くやしい（悔しい）

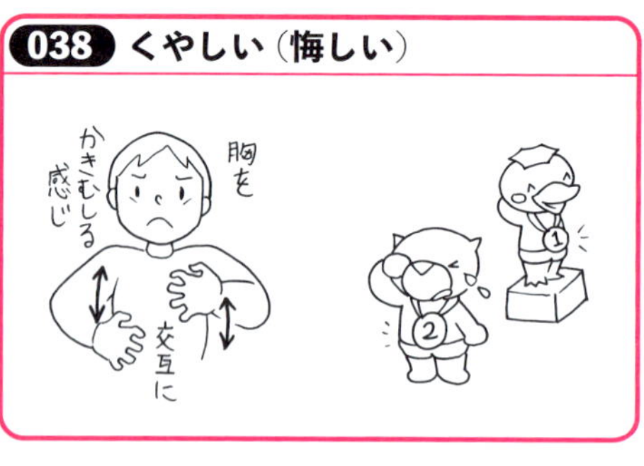

039 くらい（暗い）・よる（夜）

顔の前で両手を同時に交差させる

040 くるしい（苦しい）

5本の指を曲げて（指文字「え」）胸の前で回す

041 げんき（元気）

両手をグーにしてひじを曲げ同時に上下

042 こい（濃い）

両手の平を内に向け引き寄せる

043 こわい（恐・怖い）・おそろしい

両手をグーにして体につけガタガタ震える

044 さびしい（淋・寂しい）

開いた親指と4本の指をつける

045 さむい（寒い）・ふゆ（冬）

両手をグーにして体につけガタガタ震える

046 ざんねん（残念）

グーの手で一方の手の平を叩く

047 しかたない（仕方ない）

手刀の小指側を内側にして肩から斜めに降ろす

048 しずか（静か）

人差し指を立てて口にあてる

049 しぶい（渋い）

指を折り曲げた手の平を
口の前で上下に動かす

050 じゃま（邪魔）

手の平の物をはらう動作

051 じょうず（上手）・うまい

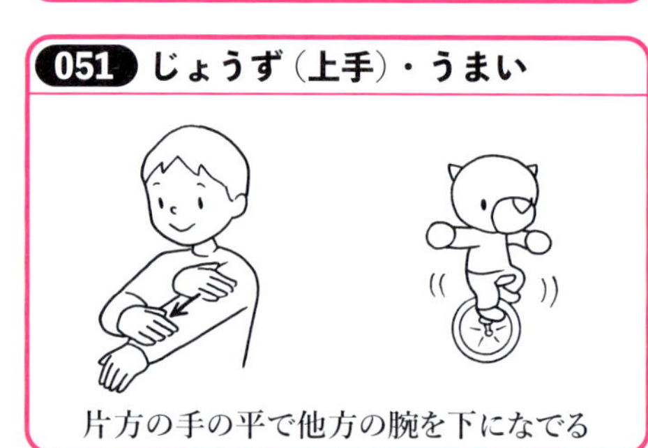

片方の手の平で他方の腕を下になでる

052 しょっぱい・しお（塩）

小指を歯にあててしょっぱい表情をする

053 しんぱい（心配）

5本の指を曲げて（指文字「え」の形）
両手で胸を叩く

054 すき（好き）・ほしい（欲しい）

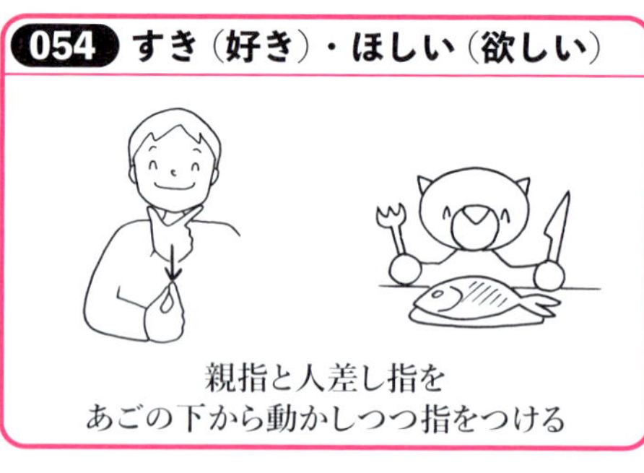

親指と人差し指を
あごの下から動かしつつ指をつける

055 すくない（少ない）

人差し指と親指を付け親指で人差し指をはじく

056 すずしい（涼しい）・あき（秋）

上前方から涼しい風が吹いてくる感じ

057 すっぱい（酸っぱい）

つぼめた指先をパッと開く

058 ずるい（狡い）

手の甲で反対側の頬をなでる

059 せまい（狭い）

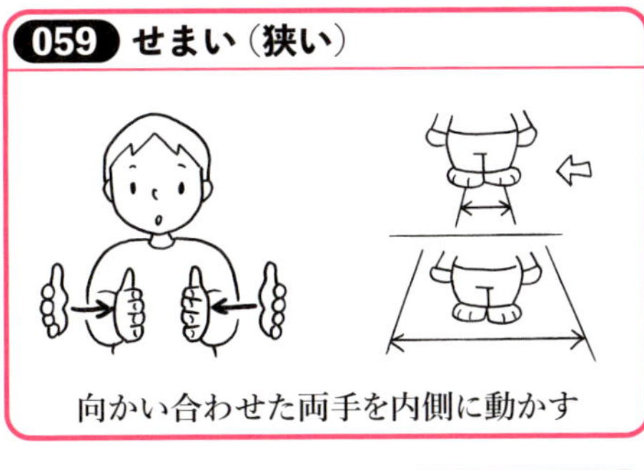

向かい合わせた両手を内側に動かす

060 だいじ（大事）・たいせつ（大切）

片手の平で他方の拳の上をなでる

061 たいへん（大変）・ごくろうさま

握った拳で腕を叩く

062 （たかさが）たかい（高い）

指文字「こ」の形を上にあげる

063 （ねだんが）たかい（高い）

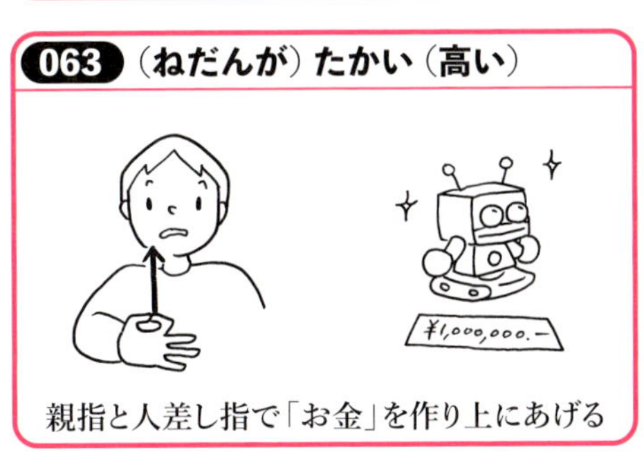

親指と人差し指で「お金」を作り上にあげる

064 ただしい（正しい）

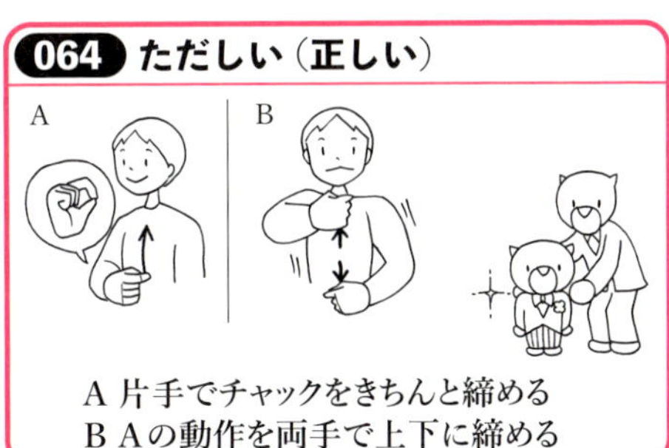

A 片手でチャックをきちんと締める
B Aの動作を両手で上下に締める

形容詞・形容動詞（ようすをあらわすことば）

065 たのしい（楽しい）・うれしい・よろこぶ

開いた手の平で胸の前を交互に上下

066 ちいさい（小さい）

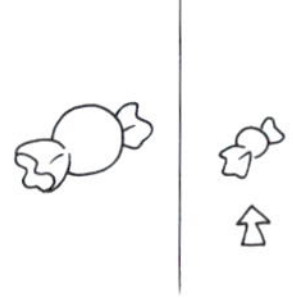

お椀型に開いた指を小さくしていく

067 つまらない

内側に向けた5本の指を顔の前で下におろす

068 つめたい（冷たい）

①急に手を引く　②手話「寒い」

069 つよい（強い）

握った拳を上に突きあげる

070 つらい・きびしい（厳しい）

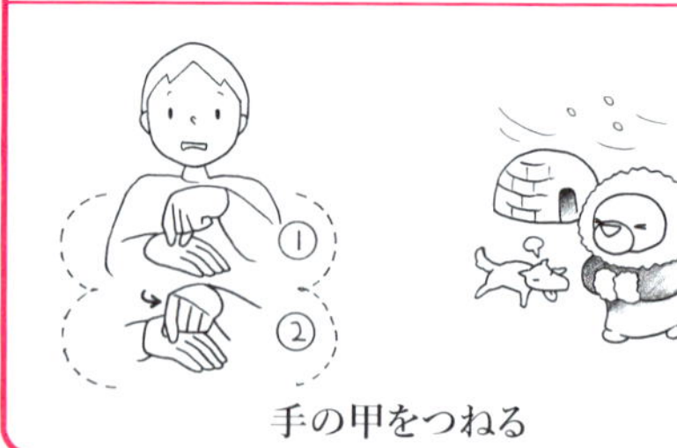

手の甲をつねる

071 とくい（得意）

指文字「や」を鼻の前から前方上にあげ
天狗の鼻をイメージ

072 とくべつ（特別）

つまんだ指先で腕を上下に触る

073 ない

開いた両手をひっくり返す

074 ながい（長い）

指文字「も」を左右に伸ばす

075 にがい（苦い）

人差し指と中指を口の前でひらひらさせる

076 ぬるい（温い）

両手指先を下に向けそのままゆっくりあげる

077 ねむい（眠い）

目の前で開いた親指と4本の指を
だんだん閉じていく

078 ばか（馬鹿）

頭の横で開いた親指と4本の指をさっと閉じる

079 はずかしい（恥ずかしい）

顔の前で開いた親指と4本の指をすぼめる

080 はやい（早・速い）・いそぐ（急ぐ）

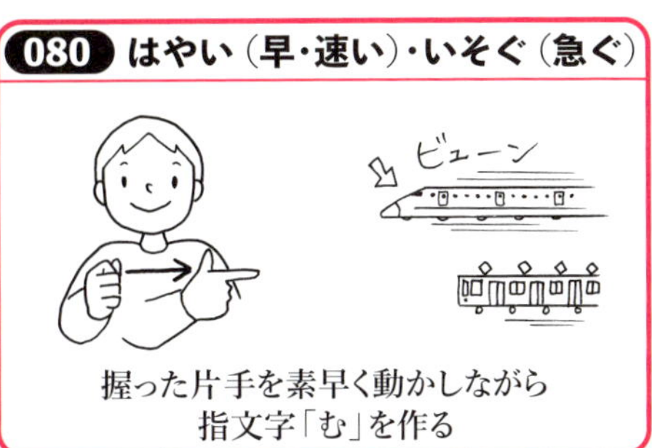

握った片手を素早く動かしながら
指文字「む」を作る

形容詞・形容動詞（ようすをあらわすことば）

081 はんたい（反対）・ぎゃく（逆）

軽くすぼめた両手を前後に置き位置を逆にする

082 ひくい（低い）

手の平を下に向けておろす

083 ひまな（暇な）

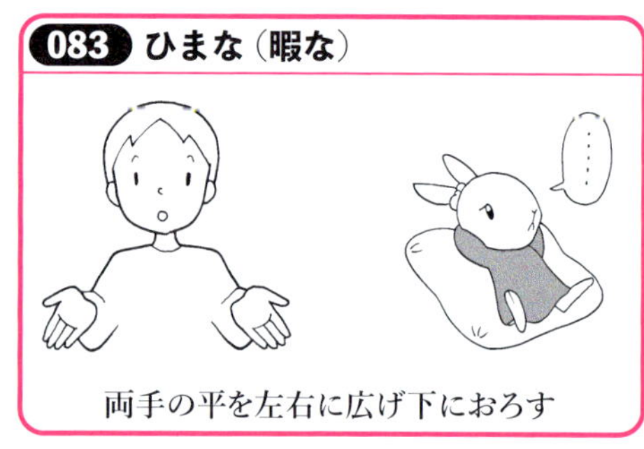

両手の平を左右に広げ下におろす

084 ひろい（広い）

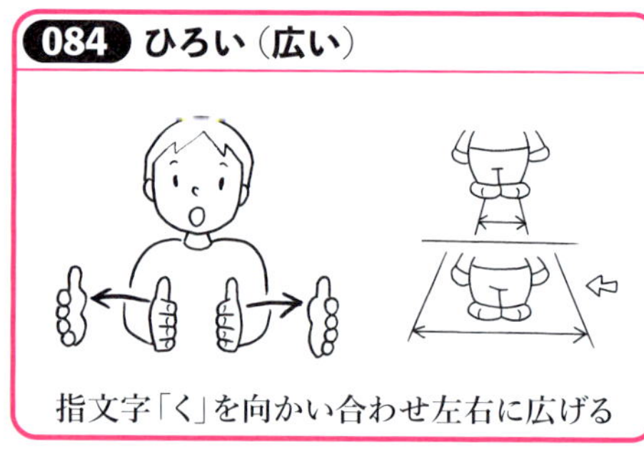

指文字「く」を向かい合わせ左右に広げる

085 ふかい（深い）

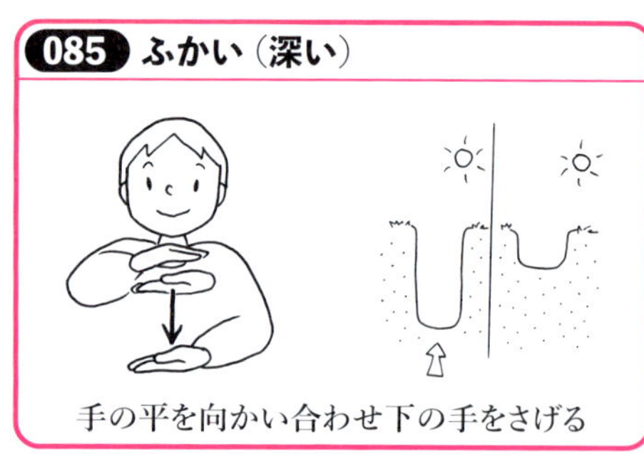

手の平を向かい合わせ下の手をさげる

086 ふつう（普通）・あたりまえ

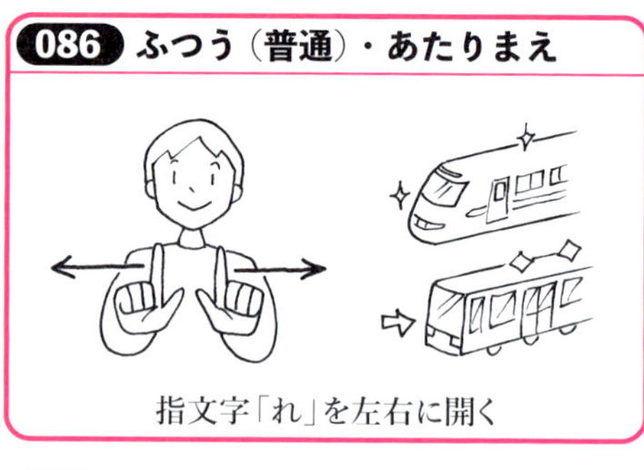

指文字「れ」を左右に開く

087 ふとい（太い）

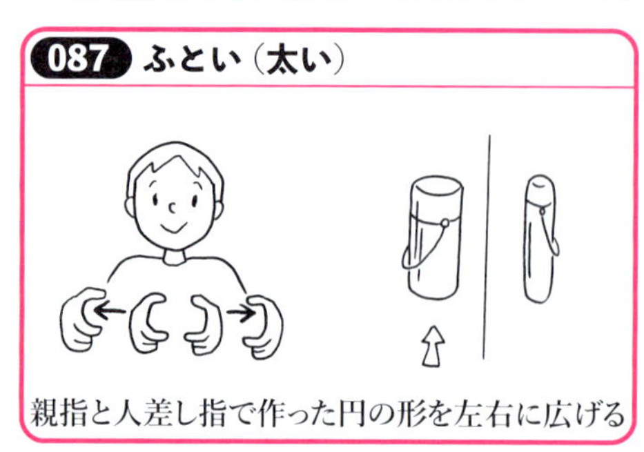

親指と人差し指で作った円の形を左右に広げる

088 ふるい（古い）

人差し指を曲げ鼻に引っかける感じで倒す

089 へた（下手）

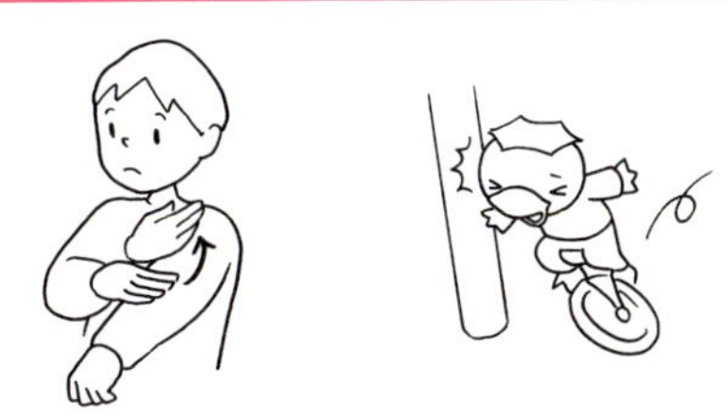

手の平で一方の腕を上方にはらいあげる

090 ほしい（欲しい）・すき（好き）

親指と人差し指をあごにあて
すぼめながらさげる

091 ほそい（細い）

親指と人差し指で輪を作り横に伸ばす

092 ほんとう（本当）

手刀を作りあごにあてる

093 まずい（不味い）

あごにあてた手の平をぱっと下に引き離す

094 まっすぐ（真っ直ぐ）

手刀を作り体の前に出す

095 まぶしい（眩しい）

手の平を外にして目の前で少し左右に動かす

096 まるい（丸い）・ボール・たま

手で丸い形を作る

097 みじかい（短い）

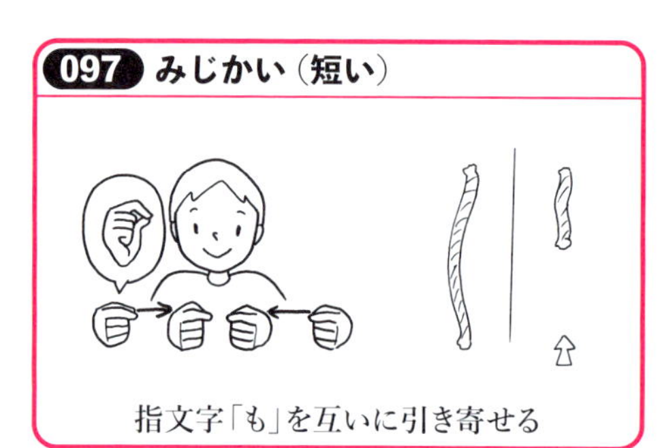

指文字「も」を互いに引き寄せる

098 むずかしい（難しい）

頬をつねる感じ

099 めずらしい（珍しい）

軽く握った指を目尻のところでパッパッと開く

100 やさしい（易しい）・かんたん（簡単）

あごにつけた人差し指を手の平に立てる

101 （きもちが）やさしい（優しい）

胸の辺りで親指を上にして
もみながら左右に離す

102 やすい（安い）

「お金」の手話を作り下にさげる

103 やわらかい（柔らかい）

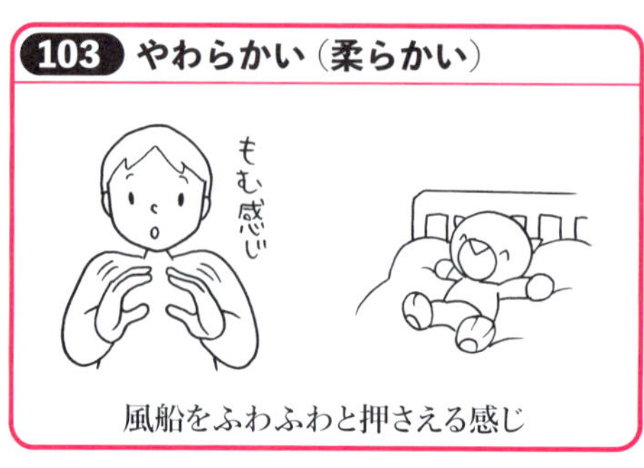

風船をふわふわと押さえる感じ

104 よわい（弱い）

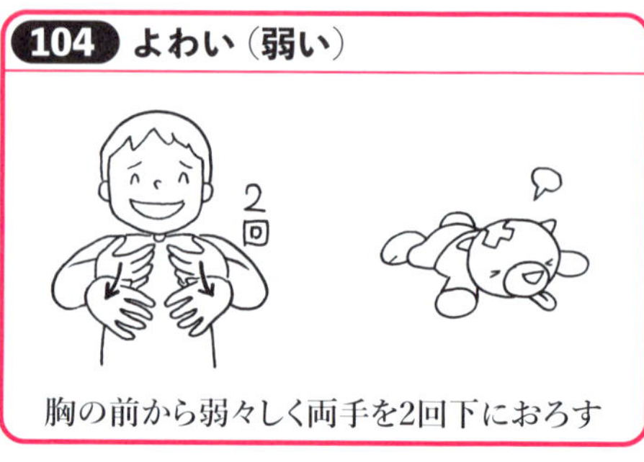

胸の前から弱々しく両手を2回下におろす

105 りこう（利口）・かしこい（賢い）

親指と人差し指をこめかみにつけ
指をぱっと開く

106 わかい（若い）

指文字「く」で額をさっとなでる

107 わがまま

駄々をこねている感じで腕を左右に振る

108 わるい（悪い）・ひどい

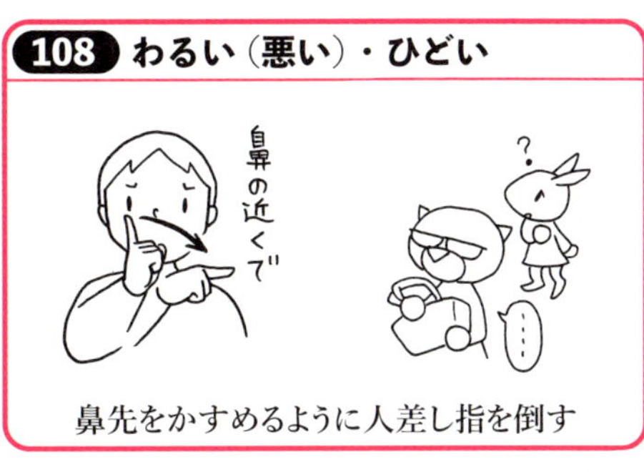

鼻先をかすめるように人差し指を倒す

ボク、ママ大好き！

０歳のとき、ママはいつも笑顔で手と口をパクパクさせながら話しかけてくれた。ボクにはママがなにを伝えたいのかわからなかった。

１歳のとき、ママはボクとくすぐりっこをして遊んだ。ママはボクをぎゅっと抱いて「○○チャン大好き」って手で言ったよ。ボクがハイハイするとママも同じようにハイハイした。ハイハイでママとぐるぐる回りもいっぱいした。ママがいつも僕のまねをするから僕もママのまねをしたくなった。

２歳のとき、ボクはママと手でお話ができるようになった。ママのまねをして手を動かしたら、ママが「わかった、パンが食べたいのね」と言って、ボクの大好きなクロワッサンを出してくれた。ボクは手話で「ありがとう」って言った。

３歳のとき、ボクは自転車のペタルがとっても気に入っていた。ママと駐輪場の自転車のペタルを全部くるくる回して観察した。「面白いね。後ろの車輪が回るね。でも前の車輪は回らないね」ってボクはママと手でお話したんだ。ママはボクの好きなものがよーくわかってた。でも、ママはときどき声だけでボクになにか伝えようとする。仕方ないよね。だってママはきこえるんだもん。でも、ボクはきこえない。だからボクがわかんない顔をしているとママはハッとした顔をして、「ごめん、ごめん」って。それからボクの顔を見て、笑顔でゆっくり手を動かしながら、口もパクパクさせてボクにもう一度お話してくれるんだ。ママの手は魔法の手。だってママの手が動くとボクにはなんでもよーくわかる。ボクはママのこと大好きだから、ママの魔法の手のまねが上手になりたいと思っている。だって、「手話」はきこえないボクの「ことば」だもん！

3 副詞・接続詞等 （文をつなげたり、くわしくすることば）

001 あと（後）

手の平を少し前に出す

002 いっしょ（一緒）

人差し指を左右から合わせる

003 いっしょうけんめい（一生懸命）

向かい合わせた両手の平を
頭の横から前に2回出す

004 いつも・まいにち（毎日）

指文字「む」を向かい合わせ
そのままぐるっと回す

005 いろいろ（色々）

指文字「む」をひねりながら横に動かす

006 おまけに

蓋をする感じ

007 おわりに（終わりに）・さいご（最後）

水平にした手の平に上から片手をおろす

008 ～か？

手の平を上に向けて差し出す

副詞・接続詞等（文をつなげたり、くわしくすることば）

009 かならず（必ず）・ぜったい（絶対）

手を組み合わせる

010 〜から・より

前に置いた手形をそのまま片方に動かす

011 〜ください

A

B

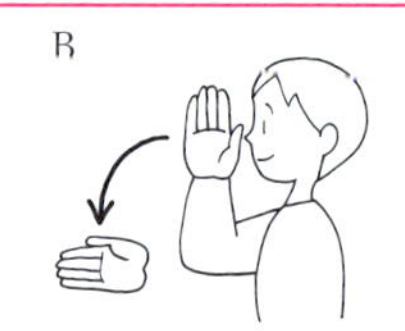

A両手を合わせて拝む感じで目から下へ
　手をおろす
B片手を顔の前に置き下へおろす

012 〜こと（事）

四角い箱の上下に両手を添えて持つしぐさ

013 さっき・すこしまえ（少し前）

手の平を後ろへ向ける

014 さっぱり

合わせた両手をサッと左右に開く

015 さて・つぎに（次に）

上に向けた手の平を横に移動させる

016 さて・あらためて（改めて）

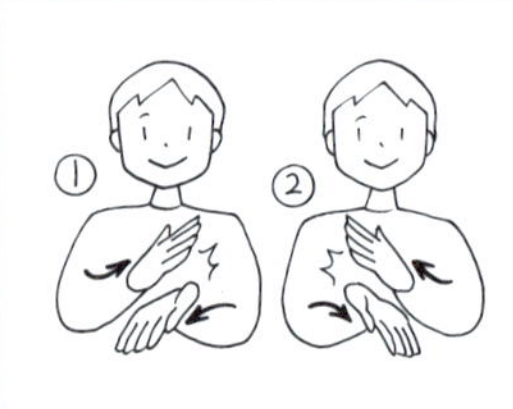

開いた手の平を交互にはらう

017 すぐ・きゅう（急）・はやく（早く）

つまんだ親指と人差し指を
すばやく動かしながら開く

018 ずっと・つづく（続く）

つなげた輪っかを前に出す

019 ～たい

親指と人差し指であごを挟んで
下に引き指先を閉じる（好きの意）

020 たくさん（沢山）・やまもり（山盛り）

手の平の上にご飯を盛る感じ

021 ～だけ

片手の平に人差し指を伸ばした片手を
そのまま乗せる

022 ～だけど・でも

手の平を外側にして内側にクルッと返す

023 たとえば（例えば）

片手甲につけた指文字「め」を前後に動かす

024 ちょうど・おなじ（同じ）・そうそう

指文字「も」を同時に動かす

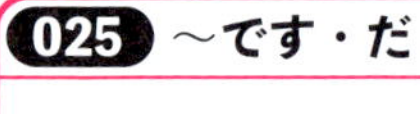

025 ～です・だ

前にある物を押さえる感じ

026 ～でない

立てた手を数回振る。否定をあらわす

027 どうして・なぜ

一方の手の平の下を
他方の人差し指をくぐらせる

028 どきどき

手を前後に動かし
心臓がドキドキする様子をあらわす

029 ところで

両手を向かい合わせたまま横に移動する

030 どちら

人差し指を立てて交互に上下させる

031 とつぜん（突然）

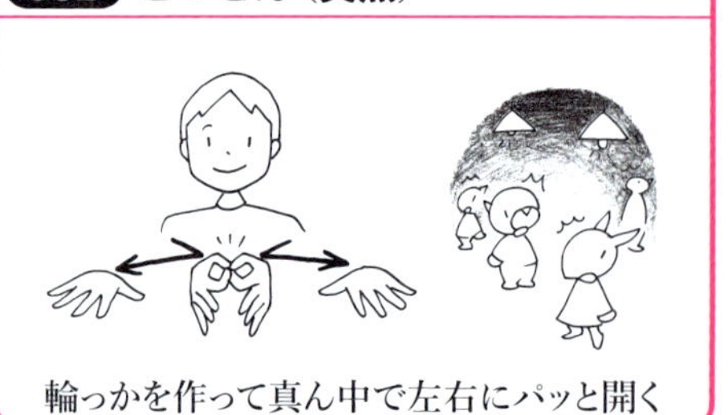

輪っかを作って真ん中で左右にパッと開く

032 とても

指文字「む」を弧を描きながらゆっくり動かす

033 ながら

A

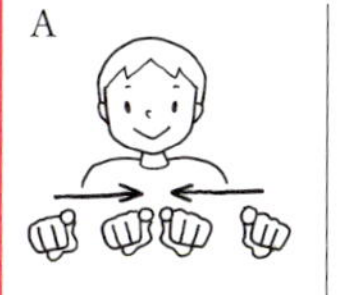

B

A両手の人差し指を伸ばしたまま左右から
中央に引き寄せる
B両手をつぼめながら手前から前に押し出す

034 なに（何）

人差し指を立てて左右に振る

035 なるほど

親指をあごにつけ
伸ばした人差し指を上下に動かす

036 ～ので・だから

両手の人差し指と親指を絡めて前に出す

037 はっきり

合わせた手を前後に動かす

038 はじめに・さいしょ（最初）

片手の甲から片手の5本の指をつかみ
人差し指を出す

039 べつの（別の）

外側の手を前方横に離していく

040 まあまあ

親指で鼻先を2回軽く触る

副詞・接続詞等（文をつなげたり、くわしくすることば）

041 また

グーからチョキの形に

042 まだ

手の平に向けた他方の手を上下に振る

043 ～まで

垂直にした片手に一方から片手を
直角に動かす

044 ～みたい・にている（似ている）

両手の小指を立てて片方の小指の先を
もう一方の小指の先ではじく

045 ～も

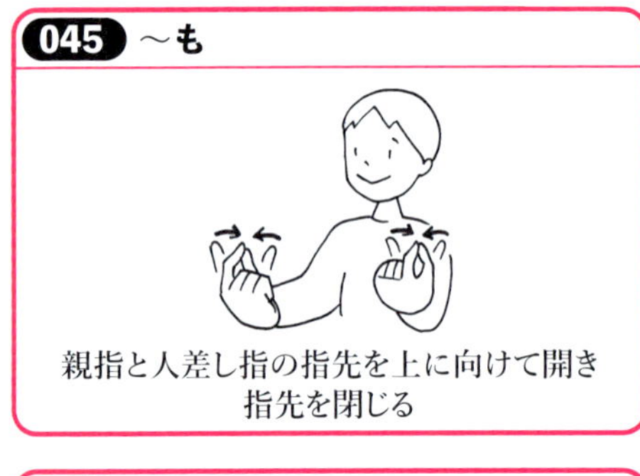

親指と人差し指の指先を上に向けて開き
指先を閉じる

046 もういちど

あごの下から人差し指を前に出す

047 もし

人差し指で頬を触りながら親指につける

048 もっと

親指と人差し指を向かい合わせた手形を上下
に重ね、下の手を他方の人差し指の上に動かす

049 ゆっくり・おそい（遅い）

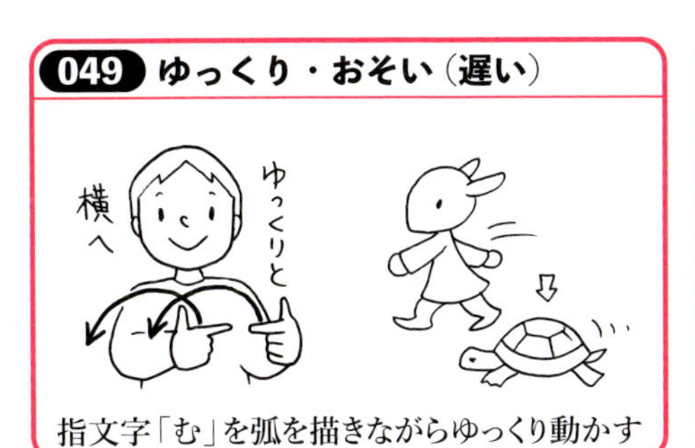

指文字「む」を弧を描きながらゆっくり動かす

050 〜らしい・のようだ

中指と人差し指で[?]マークを描く

051 わざと

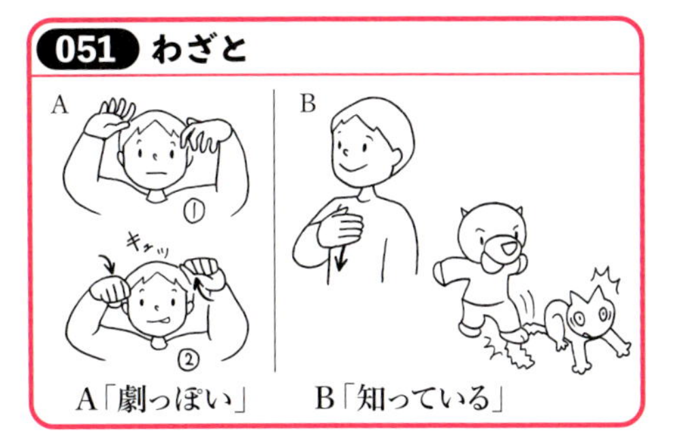

A「劇っぽい」　B「知っている」

「手話しりとり」をやってみよう！

手話でしりとりができるって知ってますか？　まず指文字50音で『指文字かるた』を作ります。これはこれでいろんな遊びができますが、ここではバラバラにしてかるたを伏せておき、最初の人が1枚めくります。「う」が出たとします。人差し指と中指を2本伸ばした形。ではスタート。この形を使う手話を最初の人がやります。例えば「歌う」の手話。いいですね、では次の人。2本指を立てて「歩く」の手話。OKです。では次。「食べる」の手話。これもOK、次。横にした2本の指を斜め上に跳ね上げて「200」の手話。……こうやってどんどん手話のしりとりが展開していきます。ルールを決めてぜひやってみてください。手話を覚えるのにも役に立ちますよ。

4 名詞（ものごとのなまえをあらわすことば）

時間と数量をあらわすことば

001 あき（秋）・すずしい（涼しい）

上前方から涼しい風が吹いてくる感じ

002 あさ（朝）

顔を起こすと同時に握った手は下へ

003 あした（明日）

上に向けた人差し指を前に倒す

004 いつ

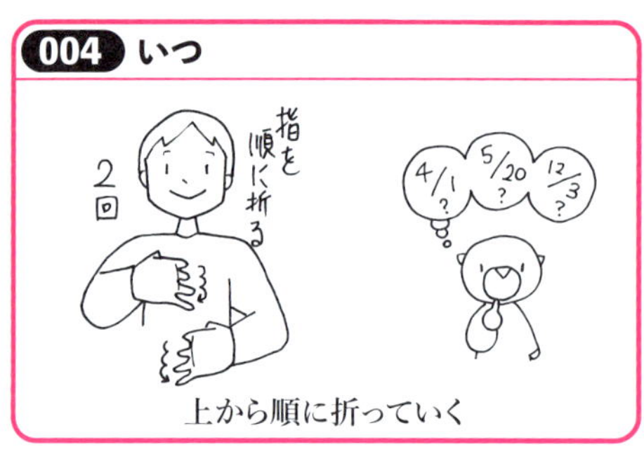

上から順に折っていく

005 えん（円）

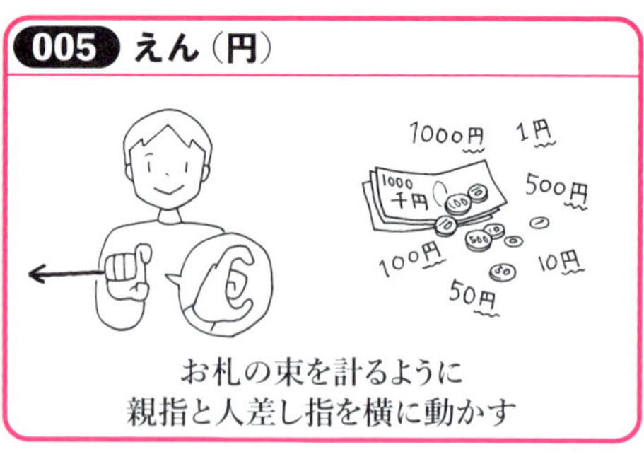

お札の束を計るように
親指と人差し指を横に動かす

006 かず（数）

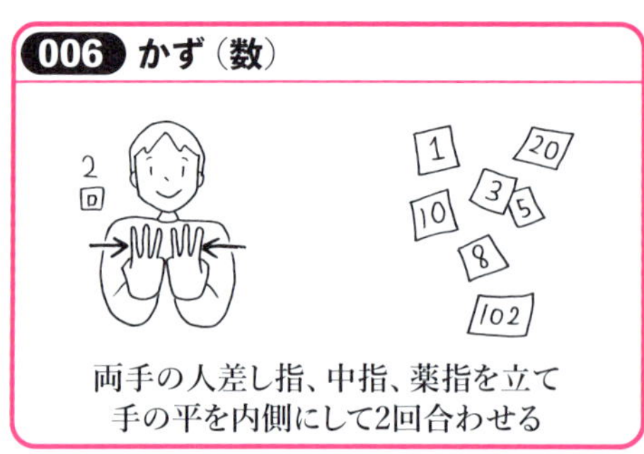

両手の人差し指、中指、薬指を立て
手の平を内側にして2回合わせる

007 かようび（火曜日）・ひ（火）

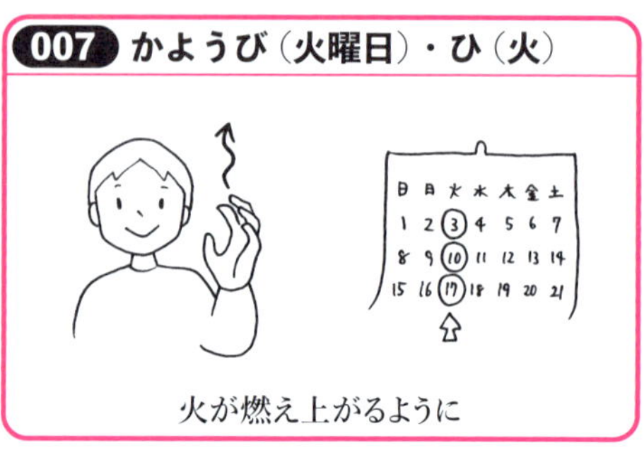

火が燃え上がるように

008 から（空）

片手の親指と揃えた4本の指で
作った空間を片手で前後にはらう

009 きのう（昨日）

後ろを指さす

010 きょう（今日）・いま（今）

両手を下へ押すように

011 きょねん（去年）

手話「年」+「昨日」

012 きんようび（金曜日）・きん（金）

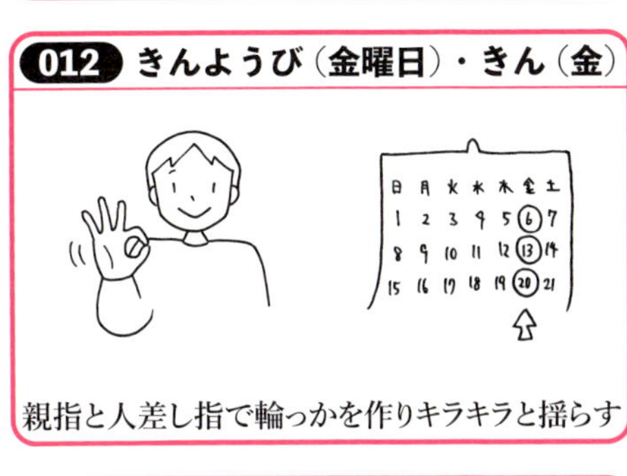

親指と人差し指で輪っかを作りキラキラと揺らす

013 げつようび（月曜日）・つき（月）

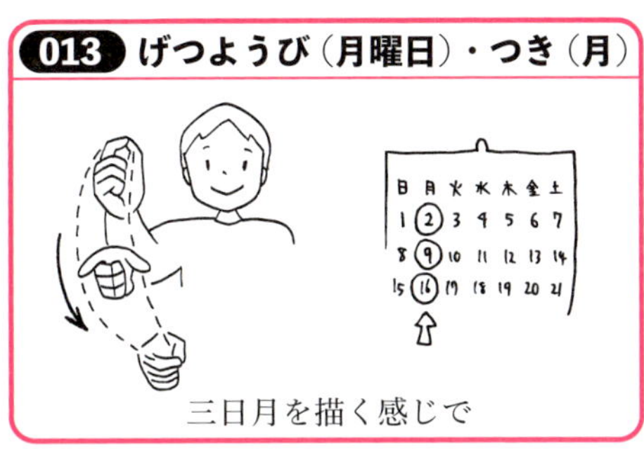

三日月を描く感じで

014 ことし（今年）

手話「今」+「年」

015 ～ころ（頃）

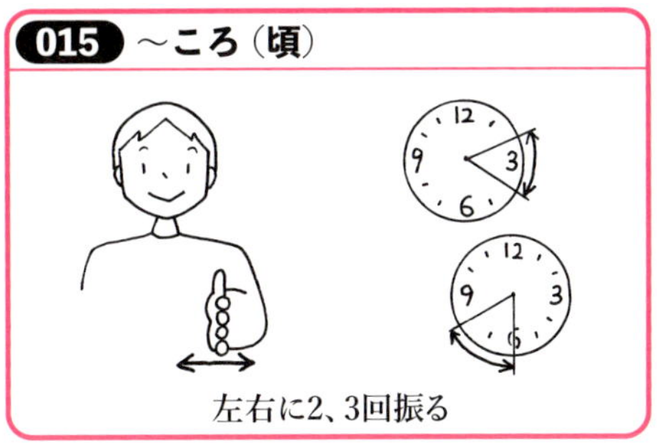

左右に2、3回振る

016 こんげつ（今月）

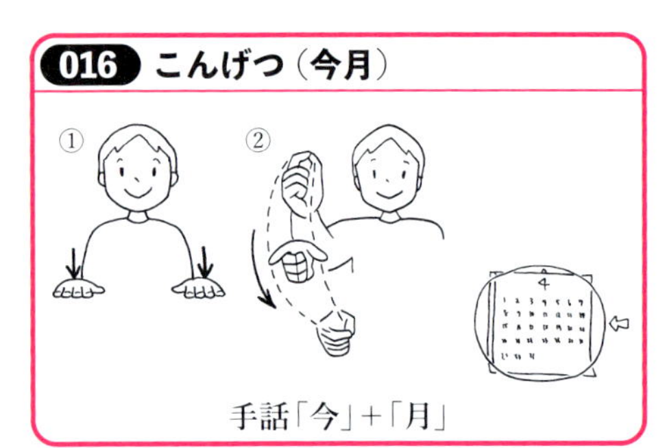

手話「今」＋「月」

017 こんしゅう（今週）

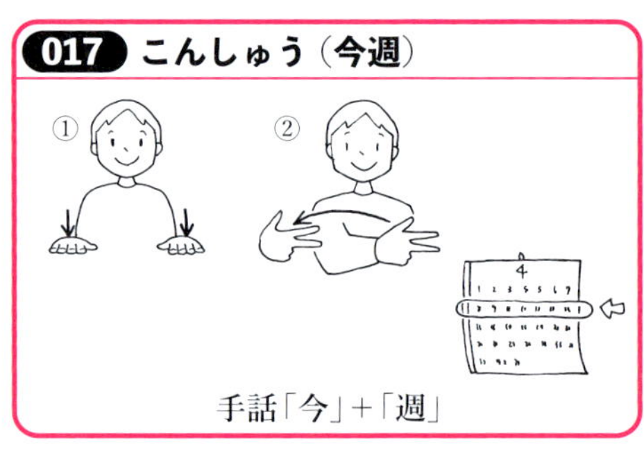

手話「今」＋「週」

018 さいご（最後）・おわりに

上から降ろして他方の手の平に真っ直ぐつける

019 さいしょ（最初）

人差し指を伸ばし
4本の指で手の甲をつまむようにあげる

020 じかん（時間）

腕時計を指さす

021 すいようび（水曜日）・みず（水）

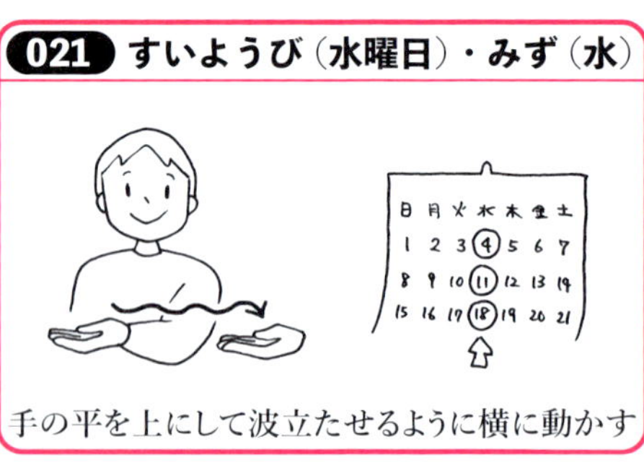

手の平を上にして波立たせるように横に動かす

022 せんげつ（先月）

手話「前」＋「月」

023 せんしゅう（先週）

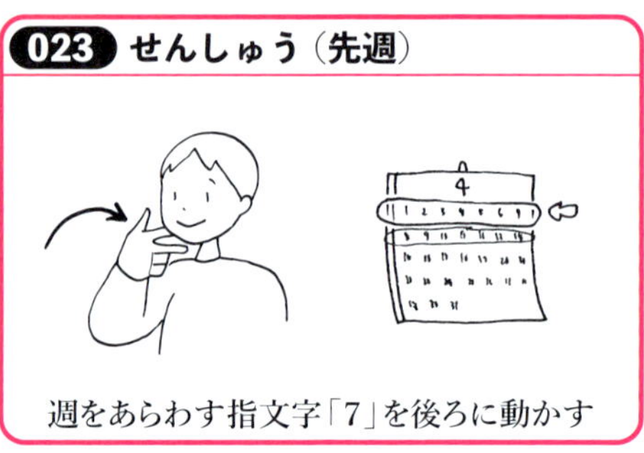

週をあらわす指文字「7」を後ろに動かす

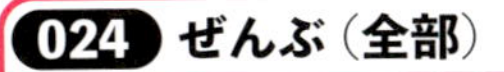

024 ぜんぶ（全部）

上から下へ円を描き下で両手を合わせる

025 たんじょうび（誕生日）

手話「生まれる」+「日」

026 ときどき（時々）

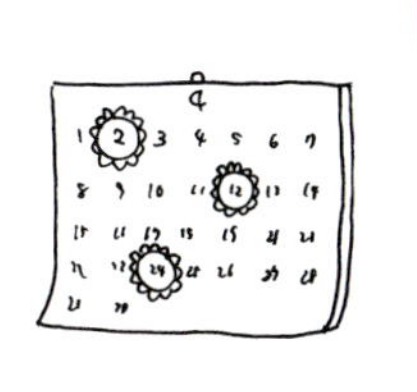

虫が跳ねるように人差し指を横に動かす

027 どようび（土曜日）・つち（土）

つまんだ砂をサラサラと落とす

028 なつ（夏）・あつい（暑い）

うちわでパタパタ仰ぐしぐさ

029 にち（日）

漢字の「日」をあらわす

030 にちようび（日曜日）

手話「赤」+「休み」

031 ねんれい（年齢）

親指をあごにつけて人差し指から
順に折り曲げていく

032 ～のとき（時）・ばあい（場合）

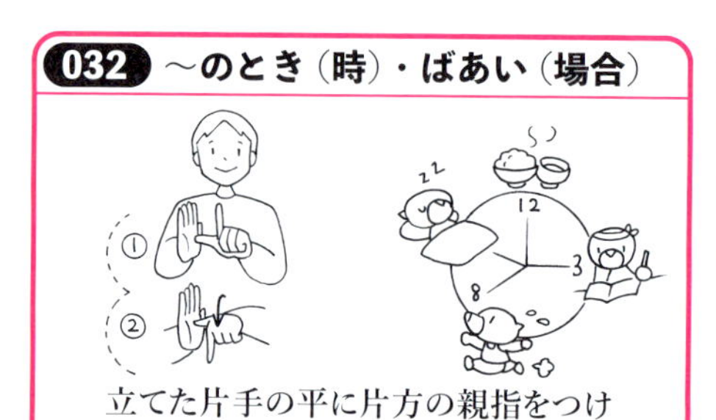

立てた片手の平に片方の親指をつけ
人差し指だけを下に

033 はる（春）・あたたかい（暖かい）

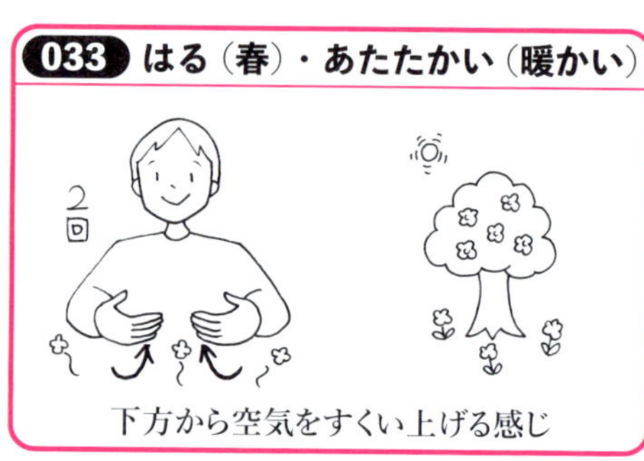

下方から空気をすくい上げる感じ

034 はんぶん（半分）

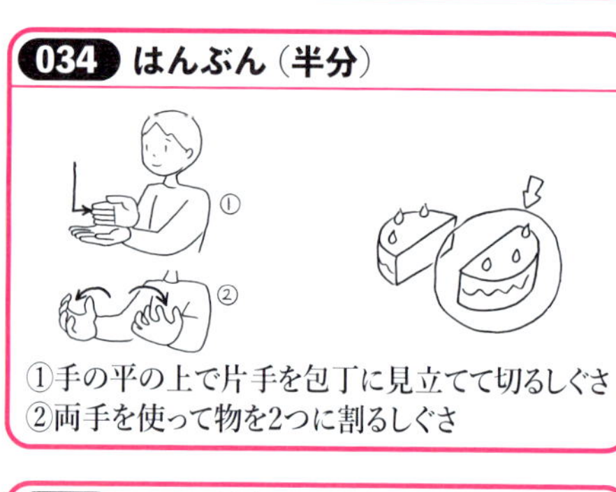

①手の平の上で片手を包丁に見立てて切るしぐさ
②両手を使って物を2つに割るしぐさ

035 ひる（昼）・しょうご（正午）

長い針と短い針が重なっている様子をあらわす

036 ふゆ（冬）・さむい（寒い）

両手をグーにして体につけガタガタ震える

037 ほとんど（殆ど）

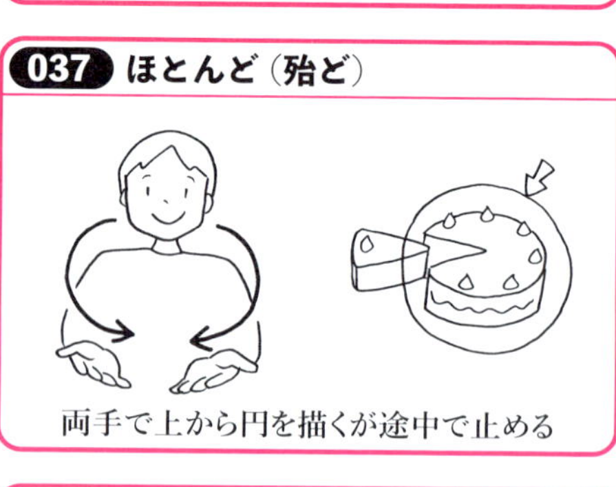

両手で上から円を描くが途中で止める

038 むかしむかし（昔々）

両手を順に肩の後ろに倒す

039 もくようび（木曜日）・き（木）

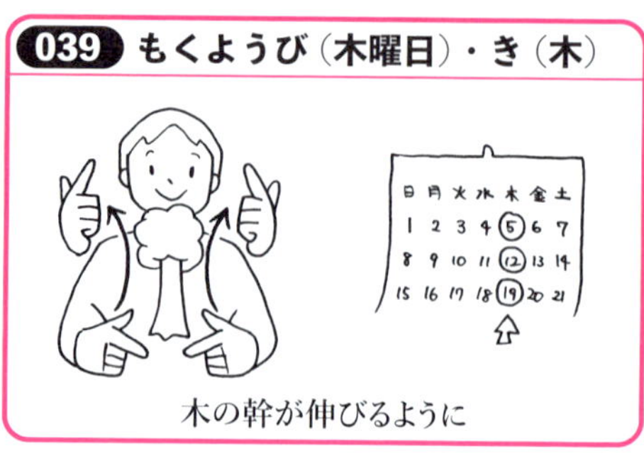

木の幹が伸びるように

040 ゆうがた（夕方）

手を太陽に見立てだんだんと沈んでいく様子

041 よる（夜）

顔の前で両手を同時に交差させる

042 らいげつ（来月）

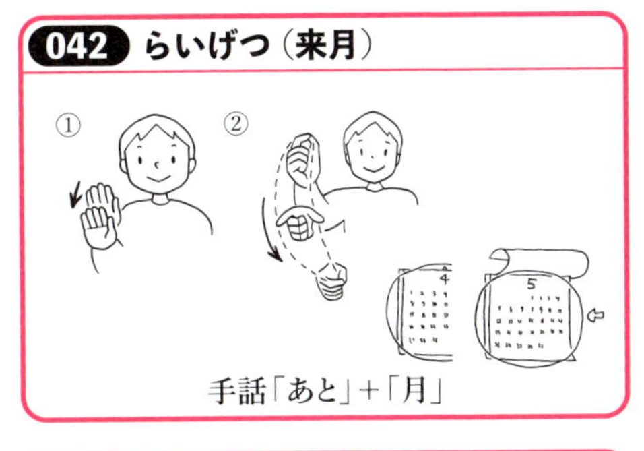

手話「あと」＋「月」

043 らいしゅう（来週）

週をあらわす指文字「7」を前に出す

044 らいねん（来年）

手話「年」＋「明日」

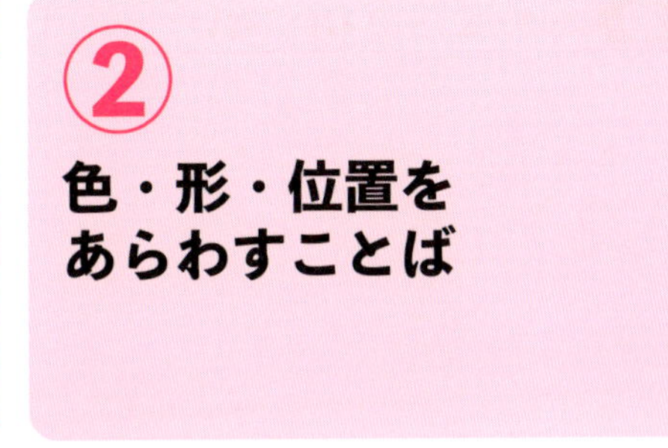

② 色・形・位置をあらわすことば

001 あお（青）

手の平で頬を上になでる

002 あか（赤）

人差し指で唇をなぞる

003 あそこ

少し遠くを指差す

004 いろ（色）

つまんだ両手をねじりチューブの蓋を開ける

005 うえ（上）

片手の人差し指と親指で直角を作り上にあげる

006 うしろ（後ろ）

人差し指で後ろを指さす

007 かたち（形）

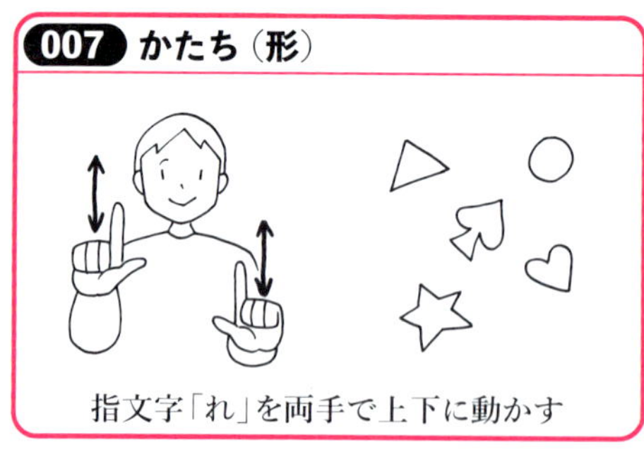

指文字「れ」を両手で上下に動かす

008 きいろ（黄色）

指文字「れ」の親指を額にあて
人差し指を曲げる

009 きみどり（黄緑）

手話「黄色」＋「緑」

010 くろ（黒）

片手で髪をなでる

011 ここ

すぐ目の前を2回指さす

012 さんかく（三角）

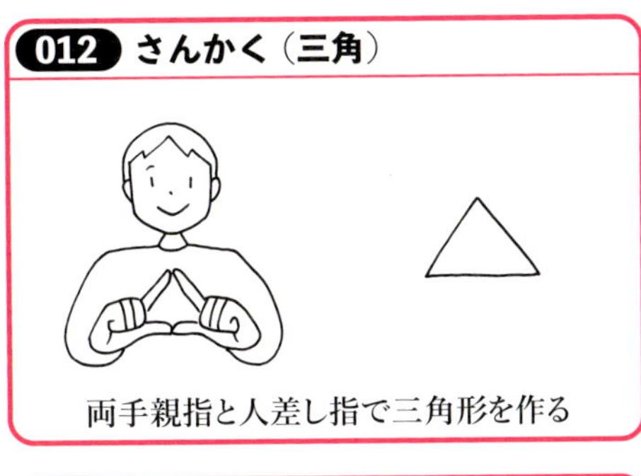

両手親指と人差し指で三角形を作る

013 しかく（四角）

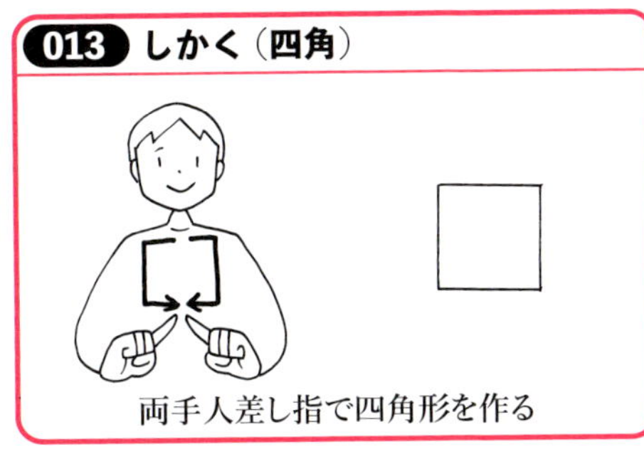

両手人差し指で四角形を作る

014 した（下）

片手の人差し指と親指で直角を作り
下に向けてさげる

015 しろ（白）

人差し指を白い歯の前で動かす

016 そこ

少し前を1回だけ指さす

017 だいだいいろ（橙色）・オレンジ色

手話「オレンジ」＋「色」

018 たて（縦）

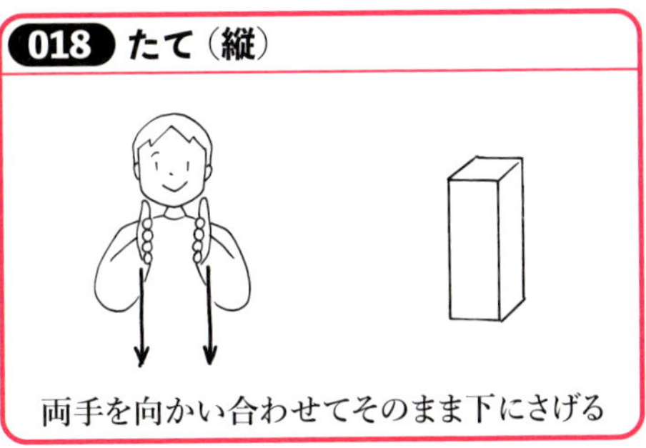

両手を向かい合わせてそのまま下にさげる

019 ちゃいろ（茶色）

手話「栗」＋「色」

020 どこ

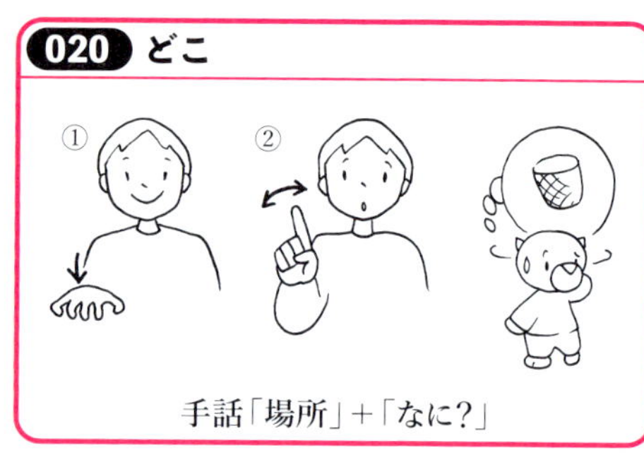

手話「場所」＋「なに？」

021 なか（中）

伸ばした親指と人差し指の真ん中に
片手の人差し指をあてる

022 ななめ（斜め）

両手を向かい合わせ斜めに動かす

023 ねずみいろ（鼠色）・はいいろ（灰色）

手話「ねずみ」＋「色」

024 ペール・オレンジ

手話「肌」＋「色」

025 ひだり（左）

曲げた左ひじを左に動かす

026 （場所）まえ（前）

片手をあげて軽く前に倒す

027 まる（丸）

両手10本の指で丸い形を作る

028 みぎ（右）

曲げた右ひじを右に動かす

029 みずいろ（水色）

手話「水」＋「色」

030 みどり（緑）

「草」の手話

031 むらさき（紫）

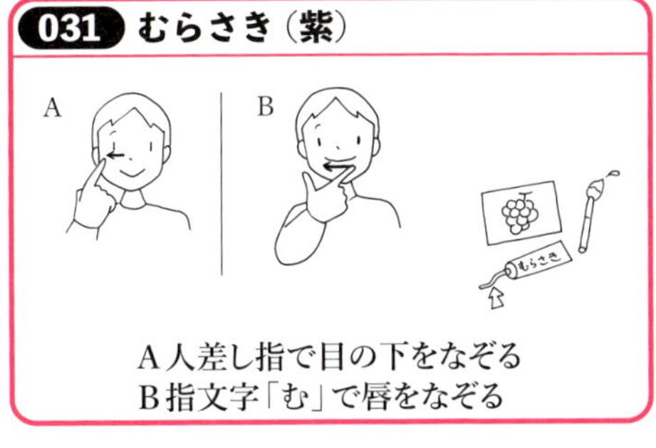

A 人差し指で目の下をなぞる
B 指文字「む」で唇をなぞる

032 ももいろ（桃色）

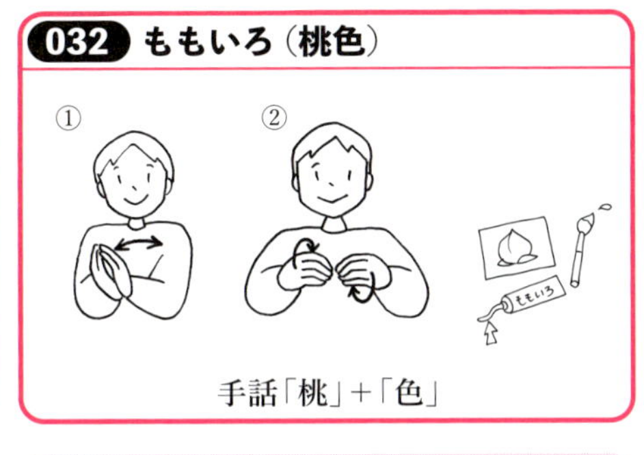

手話「桃」＋「色」

033 よこ（横）

両手を向かい合わせ平行に横に動かす

③ 場所・施設・店をあらわすことば

001 いえ（家）・おうち

家の屋根をあらわす

002 おふろ（お風呂）

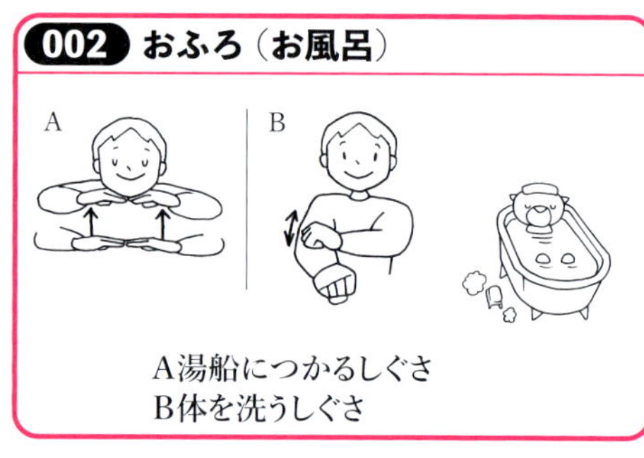

A湯船につかるしぐさ
B体を洗うしぐさ

003 がいこく（外国）

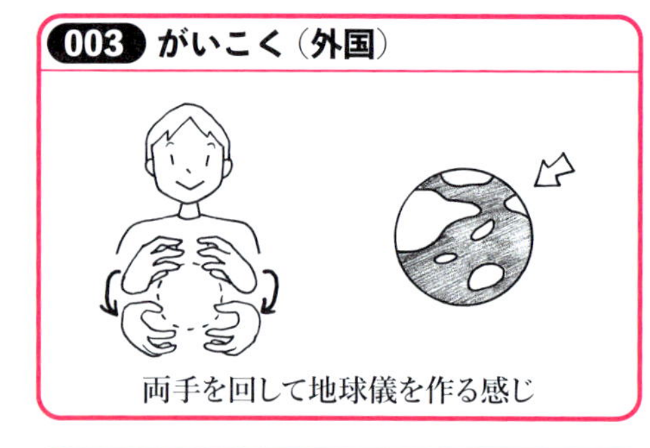

両手を回して地球儀を作る感じ

004 かいしゃ（会社）

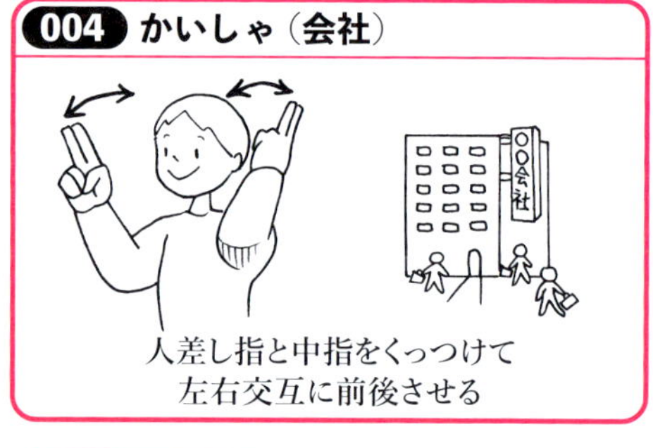

人差し指と中指をくっつけて
左右交互に前後させる

005 かいだん（階段）

階段の段をあらわす

006 がっこう（学校）

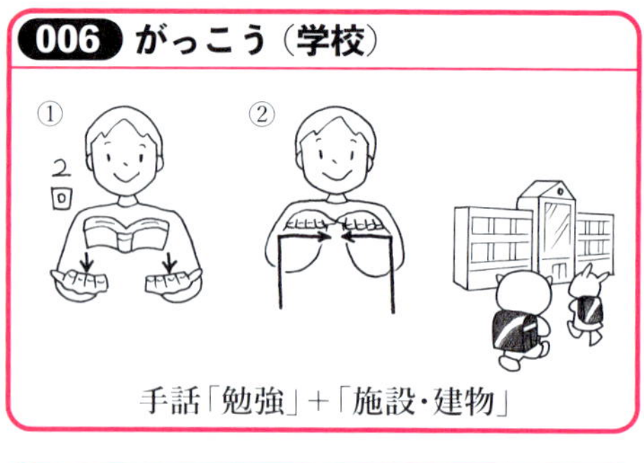

手話「勉強」＋「施設・建物」

007 きょうしつ（教室）

手話「教える」＋「部屋」

008 ぎんこう（銀行）

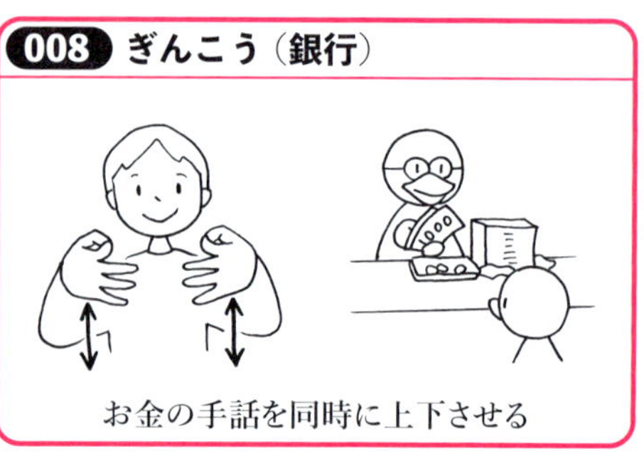

お金の手話を同時に上下させる

009 くすりや（薬屋）

手話「薬」＋「店」

010 クリーニングや

011 げんかん（玄関）

玄関のドアが開く感じ

012 こうえん（公園）

手話「遊ぶ」＋「広場」

013 コンビニ・べんり（便利）

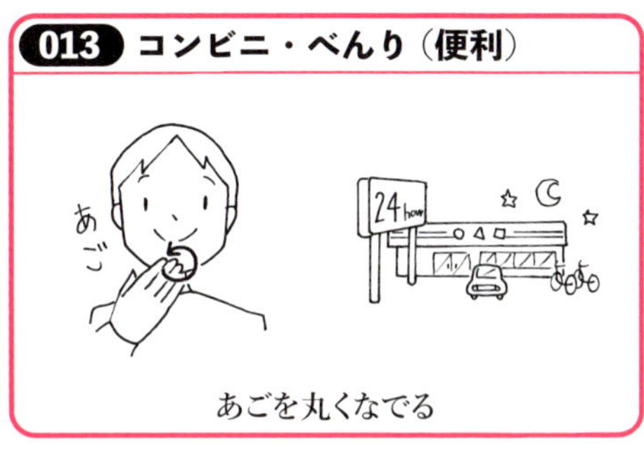

あごを丸くなでる

014 さかなや（魚屋）

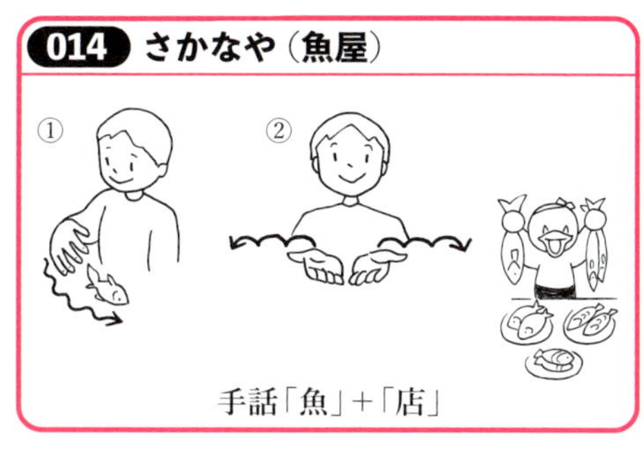

手話「魚」＋「店」

015 さかや（酒屋）

手話「酒」＋「店」

016 じびか（耳鼻科）

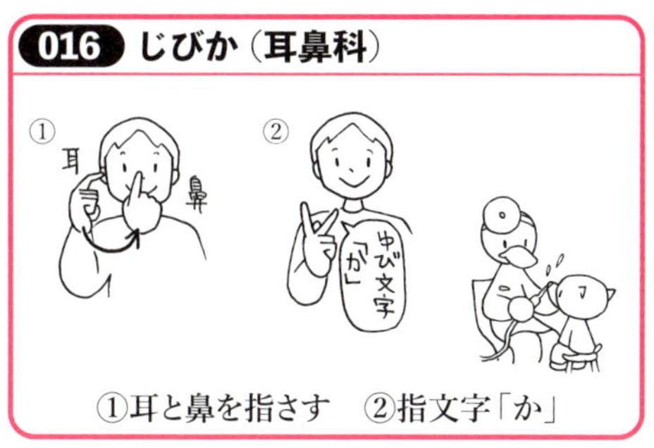

①耳と鼻を指さす　②指文字「か」

017 しょうがっこう（小学校）

①人差し指をチョキで挟み「小」の字を作る
②手話「学校」

018 すいぞくかん（水族館）

①
②

手話「魚」＋「施設」

019 スーパー

020 そと（外）

①手話「家」＋②人差し指で家の外側を指さす

021 だいどころ（台所）

手話「切る」＋「場所」

022 ちゅうがっこう（中学校）

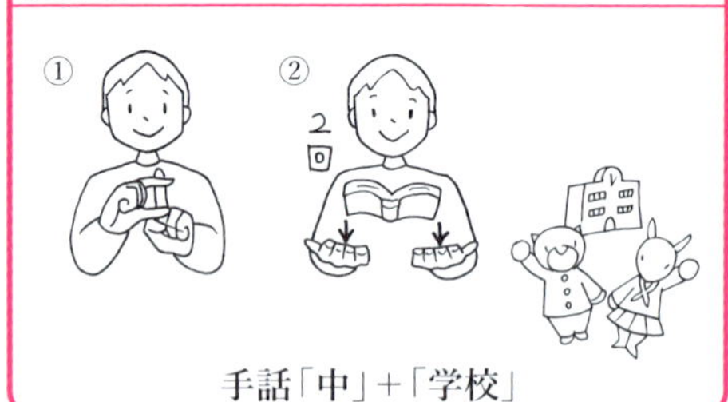

手話「中」＋「学校」

023 トイレ

片手5本の指でWCの形を作る

024 とうきょう（東京）

指文字「れ」の形を左右同時に2回あげる

025 どうぶつえん（動物園）

手話「動物」＋「場所」

026 とこや（床屋）

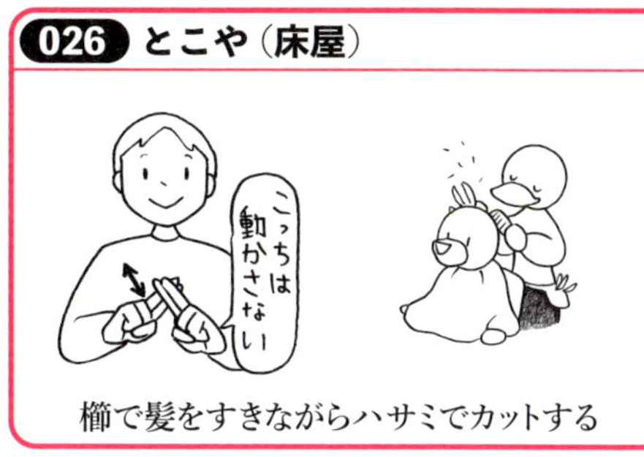

櫛で髪をすきながらハサミでカットする

027 2階

指文字「に」を弧を描くように上にあげる

028 にっぽん（日本）

中央から左右に動かし日本地図の形を作る

029 はいしゃ（歯医者）

①歯を指さす　②「脈」の手話

030 ばいてん（売店）

手話「売る」＋「店」

031 ばしょ（場所）

ボールを掴むような形で下へ少しおろす

032 パンや

手話「パン」＋「店」

033 びよういん（美容院）

髪がカールしている様子

034 びょういん（病院）

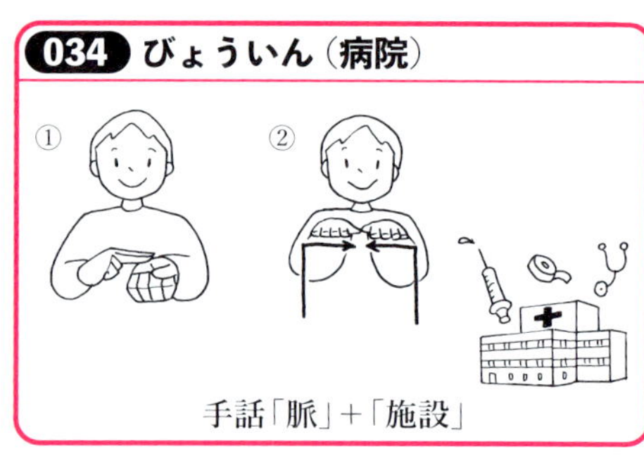

手話「脈」＋「施設」

035 ビル・たてもの（建物）・しせつ（施設）

手の平を向かい合わせて
上に動かし直角に曲げてくっつける

036 プール

手話「泳ぐ」＋「スペース」

037 へや（部屋）

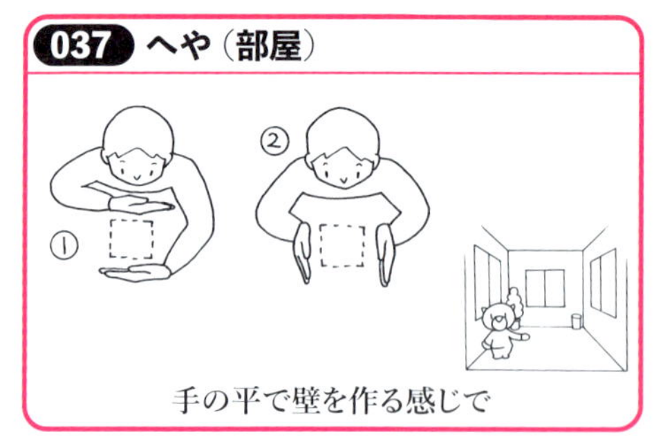

手の平で壁を作る感じで

038 ほいくえん（保育園）

手話「保育」＋「場所」

039 ホール

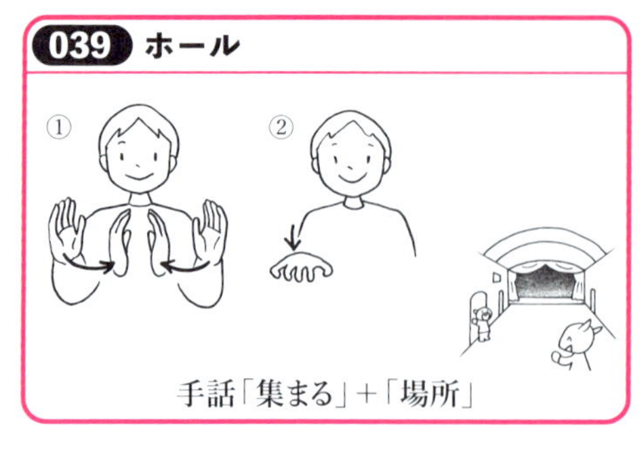

手話「集まる」＋「場所」

040 ほけんしつ（保健室）

手話「保健」＋「部屋」

041 ほんや（本屋）

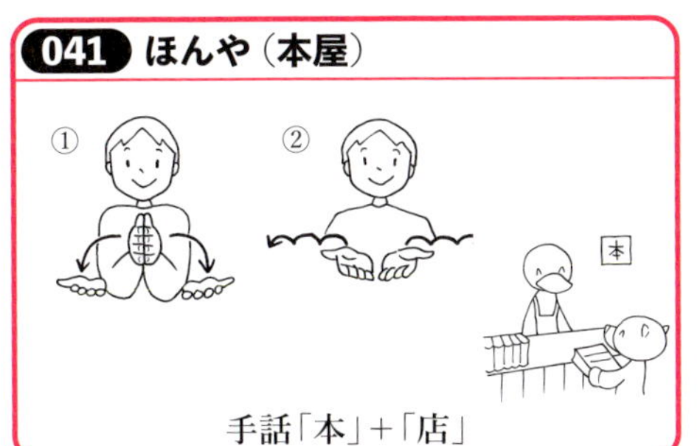

手話「本」＋「店」

042 みせ（店）

手の平を上にして少しずつ広げていく

043 やおや（八百屋）

手話「野菜」＋「店」

044 ゆうびんきょく（郵便局）

手話「郵便」＋「場所」

045 ようちぶ（幼稚部）

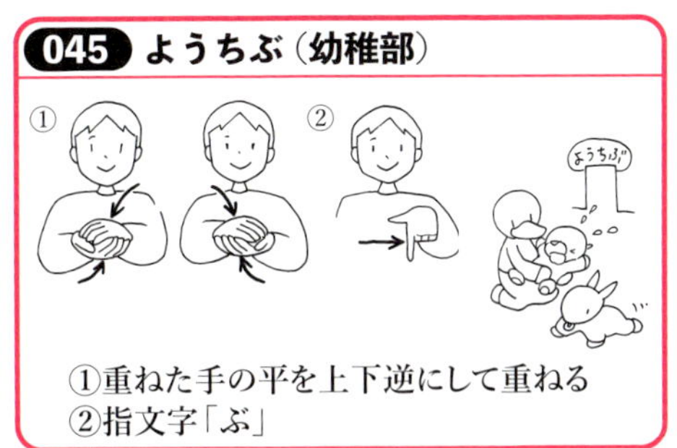

①重ねた手の平を上下逆にして重ねる
②指文字「ぶ」

046 リビング・いま（居間）

両手を握り同時に下におろす

047 レストラン

ステーキを食べる感じ

048 ろうか（廊下）

体の少し横から両手を真っ直ぐ前に伸ばす

049 ろうがっこう（ろう学校）

手話「ろう」＋「勉強（学校）」

④ 人・仕事を あらわすことば

001 あかちゃん（赤ちゃん）

開いた両手を顔の左右で振る

002 いもうと（妹）

小指を立てて下にさげる

003 うんてんしゅさん（運転手さん）

手話「運転」＋「男（女）」

004 えきいんさん（駅員さん）

手話「駅」＋「男（女）」

005 おいしゃさん（お医者さん）

手話「脈拍」＋「男（女）」

006 おかあさん（お母さん）

人差し指で頬をなで小指を立てる

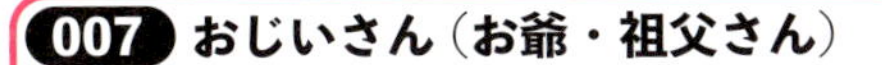

007 おじいさん（お爺・祖父さん）

親指を曲げて前に進める

008 おじさん（叔父さん）

親指を曲げる

009 おとうさん（お父さん）

人差し指で頬をなで親指を立てる

010 おとうと（弟）

中指を立てて下にさげる

011 おとこ（男）

親指を立てる

012 おとな（大人）

両手で指文字「こ」を作り揃えて上にあげる

013 おにいさん（お兄さん）

中指を立てて上にあげる

014 おねえさん（お姉さん）

小指を立てて上にあげる

015 おばあさん（お婆・祖母さん）

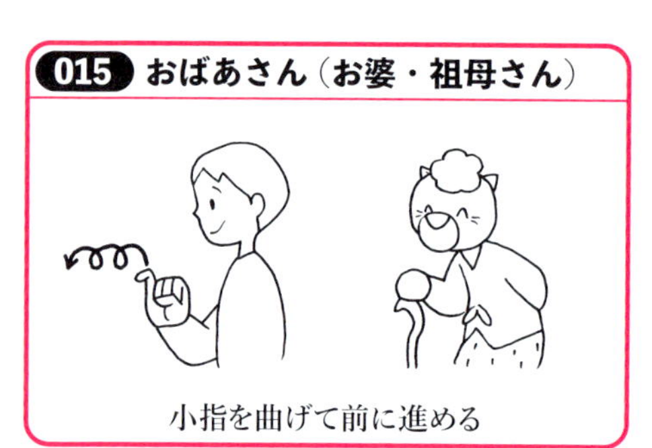

小指を曲げて前に進める

016 おばさん（叔母さん）

小指を曲げる

017 おまわりさん（お巡りさん）

手話「警察」＋「男（女）」

018 おんな（女）

小指を立てる

019 かぞく（家族）

手話「家」＋家の人々をあらわす

020 かんごしさん（看護師さん）

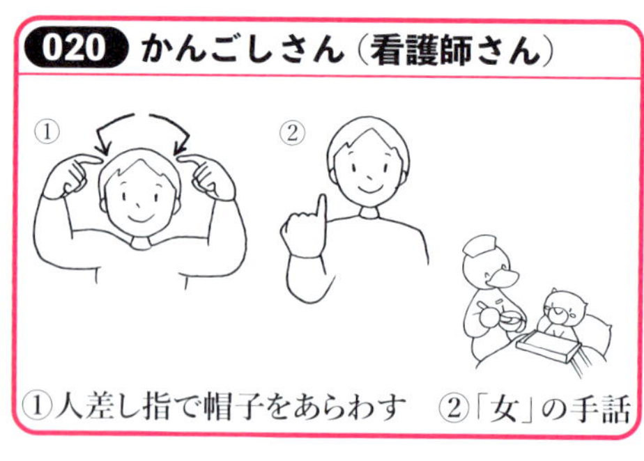

①人差し指で帽子をあらわす　②「女」の手話

021 こうちょうせんせい（校長先生）

手話「学校」＋「長」

022 こども（子ども）

子どもの頭を優しくなでるしぐさ

023 こどもたち（子どもたち）

両手の平を幾人かの子どもの頭に置くように動かす

024 しんぶんやさん（新聞屋さん）

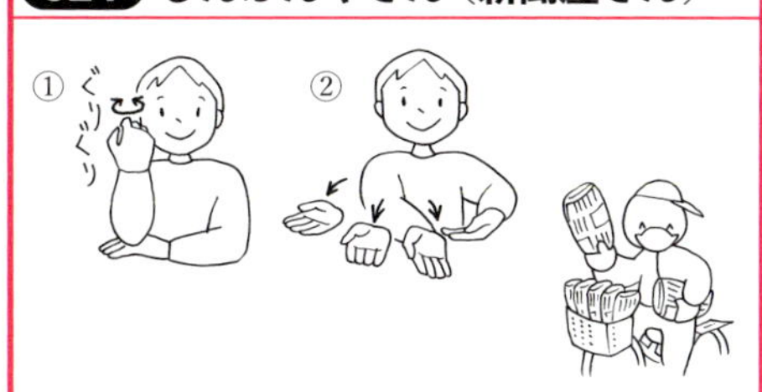

手話「新聞」＋「配る」

025 せんせい（先生）

手話「教える」＋「男（女）」

026 たくはいびんやさん（宅配便屋さん）

脇に持った荷物を前に出すしぐさ

027 だれ（誰）

指を少し曲げた手の甲を前に向け、指先を頬につける

028 ともだち（友だち）

両手を握り回す

029 みんな

片手を胸の位置で伸ばして回す

030 ゆうびんやさん（郵便屋さん）

手話「郵便」＋「配る」

031 わたし（私）・ぼく（僕）

自分を人差し指でさす

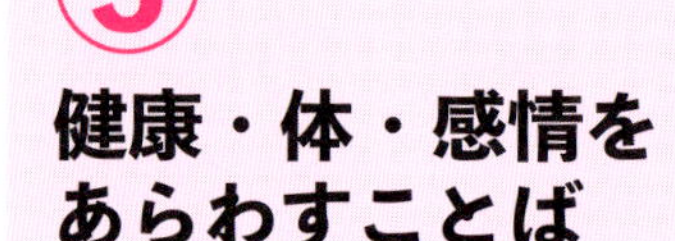

⑤ 健康・体・感情をあらわすことば

001 いじめ・いじわる

すぼめた手で親指をつつく

002 インフルエンザ

指文字「イ」でせきをしているしぐさをする

003 うそ（嘘）

人差し指を頬にあてる

004 うんち

うんちが落ちる様子をあらわす

005 おしっこ

立ちションしているしぐさ

006 おもらし

指を開いた手を下向きに広げながらおろす

007 かぜ（風邪）

せきをするしぐさ

008 きず（傷）

腕を怪我している様子をあらわす

009 くしゃみ

くしゃみをするしぐさ。頭を手のほうに近づける

010 くすり（薬）

薬指の先を片手の平につけて小さく回す

011 けが（怪我）

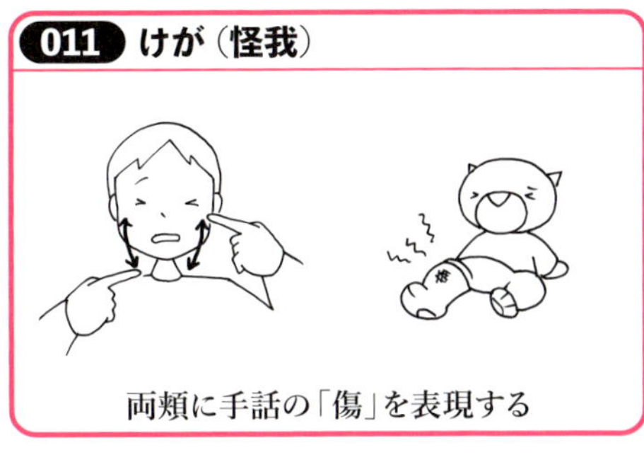

両頬に手話の「傷」を表現する

012 げり（下痢）

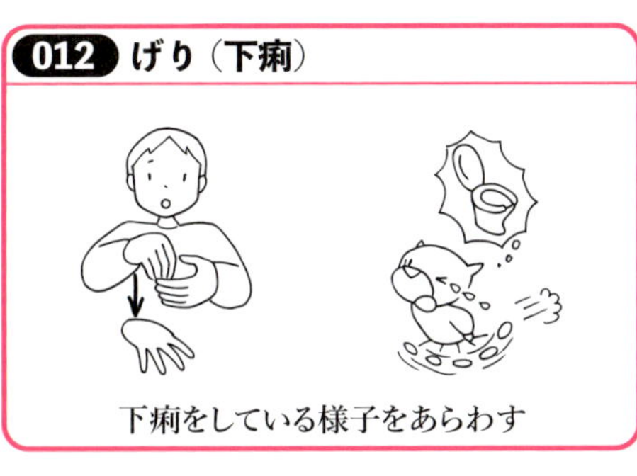

下痢をしている様子をあらわす

013 けんか（喧嘩）

両手の人差し指を互いにぶつけ合う

014 しっぱい（失敗）・しまった

頭を片手でポンと軽く叩く

015 しゃっくり

喉の辺りまで持ち上げるしぐさ

016 たいおんけい（体温計）

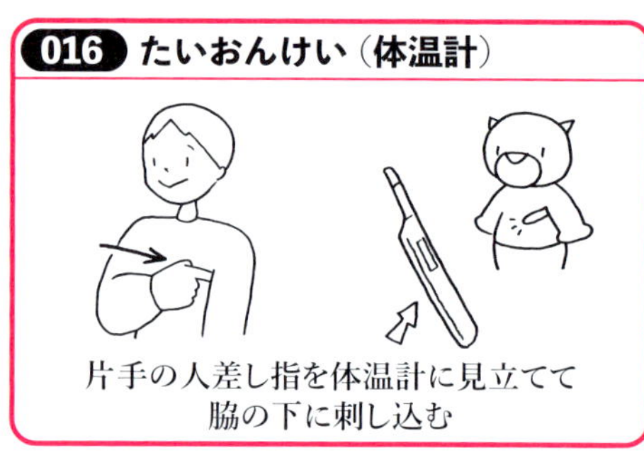

片手の人差し指を体温計に見立てて
脇の下に刺し込む

017 できあがり

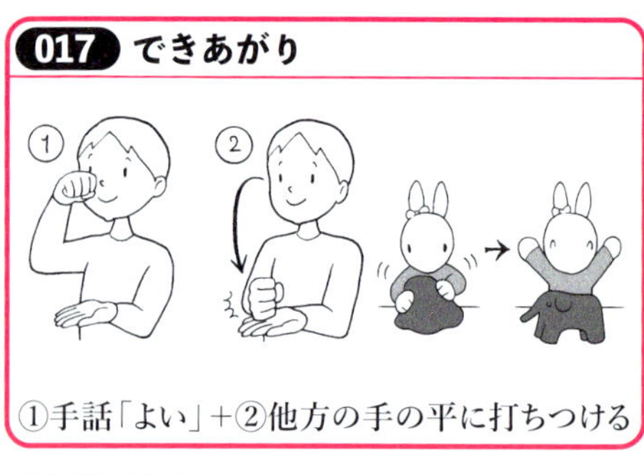

①手話「よい」＋②他方の手の平に打ちつける

018 ねつ

つまんだ指を脇にあて、ぱっと広げる

019 はだか（裸）

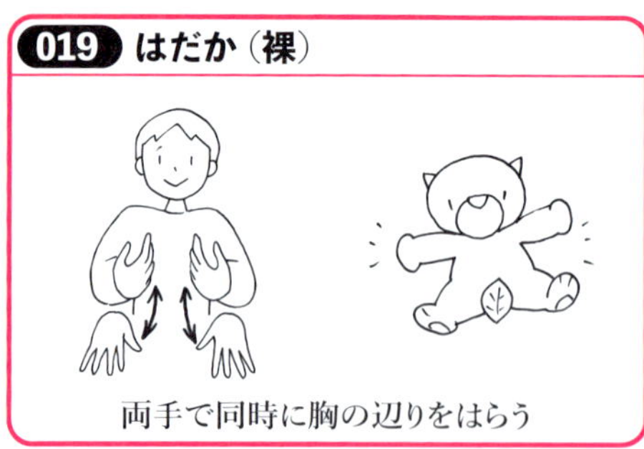

両手で同時に胸の辺りをはらう

020 はだし（裸足）

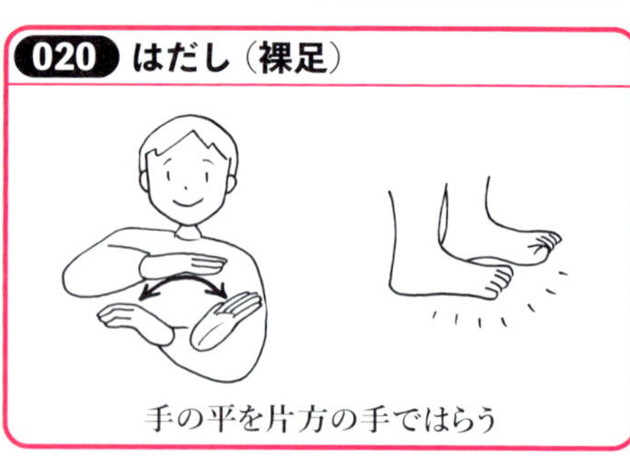

手の平を片方の手ではらう

021 びょうき（病気）

おでこを2回叩く

022 まじめ（真面目）

チャックを閉めるように喉の辺りまであげる

023 みゃく（脈）

人差し指と中指を揃えて片手の脈を押さえる

024 めいわく（迷惑）

眉間に寄せたシワを片手でつまむ

025 よくばり（欲張り）

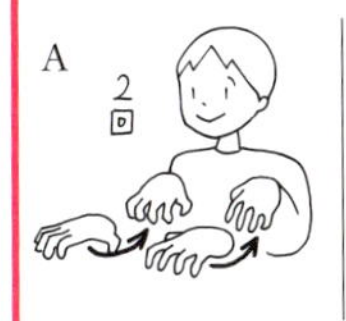
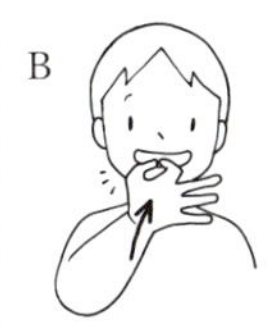

A前にあるものを両手で自分のほうに引き寄せる
Bお金を口にくわえて離さない

026 らんぼう（乱暴）

左右の手を交互に前に出し乱暴する動作

⑥ コミュニケーション・あいさつをあらわすことば

001 あいさつ（挨拶）

立てた人差し指を向かい合わせ、
挨拶するように同時に曲げる

002 あけましておめでとう

①手話「正月」＋②手話「祝う」

003 ありがとう

片手の甲に他方の手を直角に乗せ、上にあげる

名詞（ものごとのなまえをあらわすことば）

004 おきゃくさま（お客様）

手の平に親指を立てた拳を乗せ
そのまま手前に引く

005 おはなし（お話）・かいわ（会話）

①つぼめた5本の指に片手をぱっと開く
②左右交互にあらわす

006 おはよう（お早う）

手話「朝」＋「挨拶」

007 おめでとう・おいわい（お祝い）

つぼめた両手を同時にパッと開き上にあげる

008 おやすみなさい（お休みなさい）

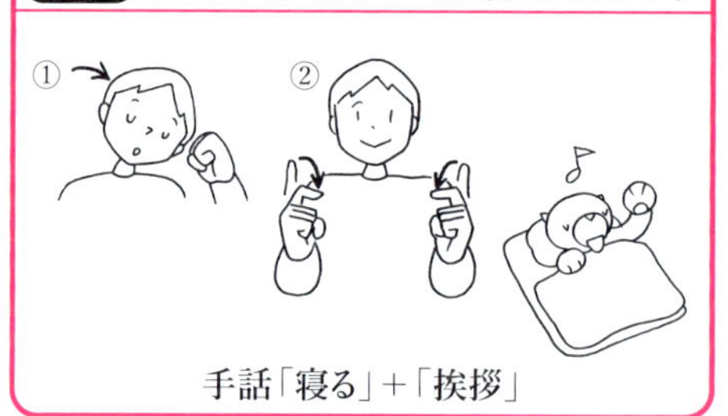

手話「寝る」＋「挨拶」

009 かんそう（感想）

軽く5本の指を曲げた手を
頭の横から円を描くように

010 こえ（声）

人差し指と親指で丸を作り喉から前に出す

011 ごめんなさい・あやまる

①人差し指と親指で眉間をつまむ
②その手を手刀にして前方におろす

012 こんにちは（今日は）

①時計の12時をあらわす
②「挨拶」の手話

013 こんばんは（今晩は）

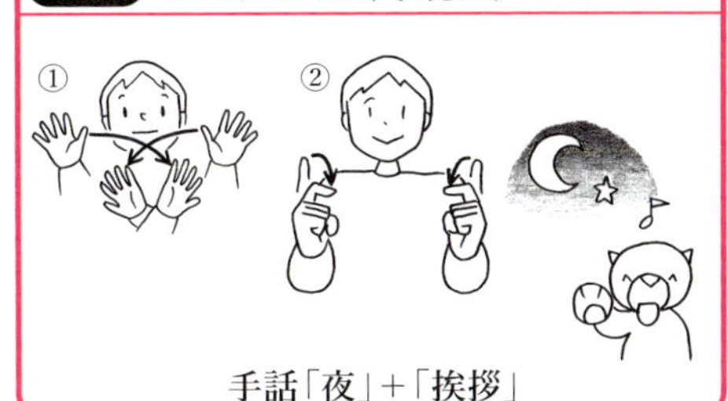

手話「夜」＋「挨拶」

014 しつもん（質問）・たずねる

手の甲を頬につけそのまま前に出す

015 しゅわ（手話）

両方の人差し指を糸巻きのように回転させる

016 じんこうないじ（人工内耳）

「20」の指文字の指先を耳の後ろに
2回ポンポンと叩くようにあてる

017 どういたしまして

①立てた小指であごを軽く2回つける
②その手の平を前に向け左右に振る

018 どくわ（読話）

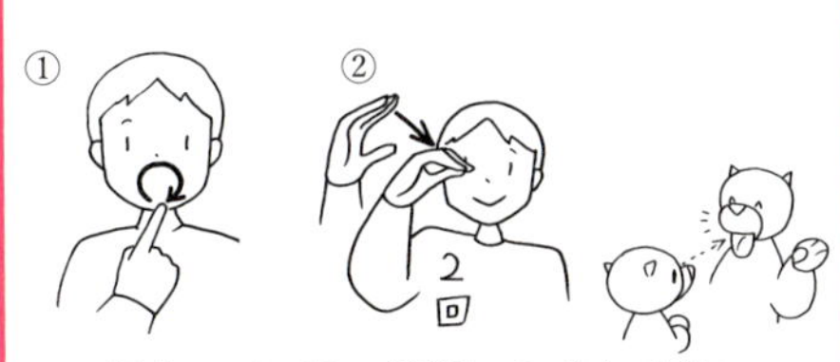

①「口」を示し、②開いた手を手前に
引きながら閉じる動作を2回繰り返す

019 ないしょ（内緒）

人差し指を口の前で立てる

名詞（ものごとのなまえをあらわすことば）

020 なまえ（名前）

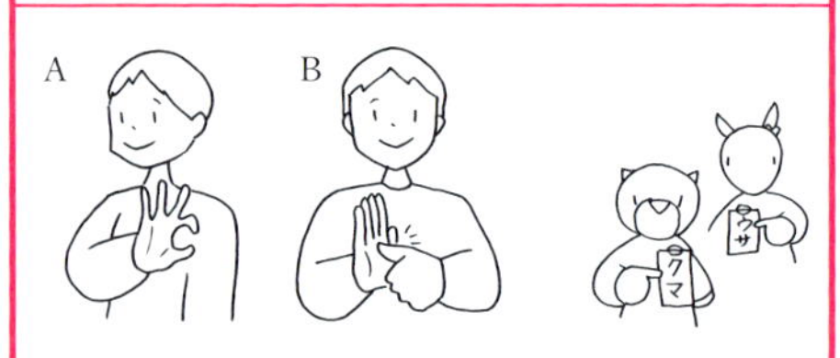

A親指と人差し指で輪っかを作り胸にあてる(関西の手話)
B前に向けた手の平に他方の親指をつける(関東の手話)

021 ひさしぶり（久しぶり）

両手の甲を合わせ左右に離す

022 ほちょうき（補聴器）

人差し指を曲げて耳にあてる

023 マナー・れいぎ（礼儀）

両手の握り拳をつけたり離したりする

024 みぶり（身振り）

両手の握り拳を左右交互に上下する

025 メール

指文字「め」の形を前に出す

026 メリークリスマス

①交差させた人差し指でXの字を描く＋
②手話「祝う」

027 もじ（文字）

手の平を親指と人差し指のあいだで交差

028 やくそく（約束）

指切りげんまん

029 ゆびもじ（指文字）

5本の指を動かしながら上から下へ動かす

学校や園での生活や行事をあらわすことば

001 いろえんぴつ（色鉛筆）

手話「色」＋「書く」

002 うんどうかい（運動会）

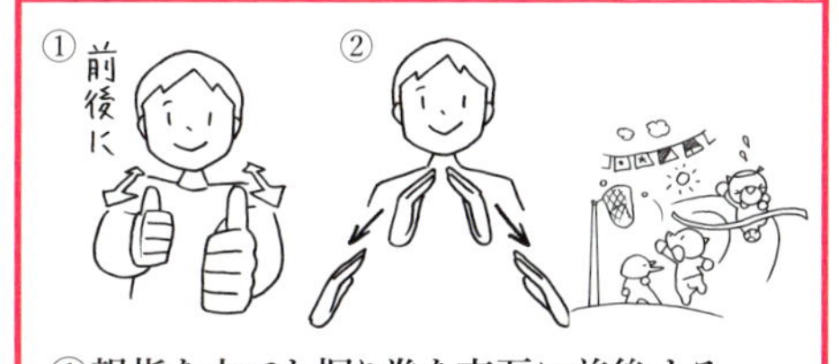

①親指を立てた握り拳を交互に前後する
②両手の指先をつけそのまま斜め下へ開く（会）

003 えカード（絵カード）

①片手の平を他方の手の甲で2、3回叩く
②両手でカードの形をあらわす

004 えにっき（絵日記）

手話「絵」＋「いつも」

005 えんそく（遠足）

両手を広げて前後に立てそのまま前に動かす
（たくさんの人が歩く様子）

006 えんぴつ（鉛筆）

①鉛筆をナイフで削る動作
②「書く」の手話

007 おとしだま（お年玉）

左手を袋に見立てて
そのなかにお札を入れ手前に引く

008 おに（鬼）

人差し指で角をあらわす

009 おひなさま（お雛様）

手話「雛祭り」＋「着物」

010 おやすみ（お休み）

手の平を下にして左右の手をつける

011 かけっこ（駆けっこ）

親指を立てた拳を交互に前後させる

012 きゅうけい（休憩）・やすむ（休む）

両手を左右から引き寄せて数回交差させる

013 ぎょうじ（行事）

両手で指文字「に」を作り、突き合わせて横に開き、手の平を返しながら上から下へおろす

014 クリスマス

両手人差し指でクリスマスツリーを描く

015 けいこ(稽古)・れんしゅう(練習)

手首近くの手の甲を
他方の揃えた指先で2回つつく

016 げき(劇)

両手でねじりはちまきをするしぐさ

017 けしごむ(消しゴム)

手の平を上に向け紙に見立てて
他方の手で消す

018 こいのぼり(鯉幟)

鯉のぼりが風になびいている様子をあらわす

019 こくばん(黒板)

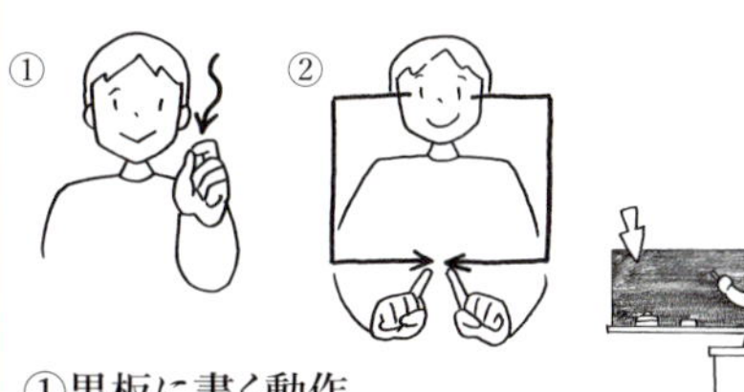

①黒板に書く動作
②両手の人差し指で上から長方形を描く

020 こどものひ(子どもの日)

指文字「5」を両手で作り、
そのまま同時に横に倒す(5月5日の意)

021 こままわし(独楽回し)

①
②

①こまを下に向けて投げる動作
②人差し指でこまが回る様子をあらわす

022 さいころ

さいころを振る動作

023 サンタクロース

①サンタクロースの髭の形を作る
②袋をかつぐ

024 シール

手の平を上に向け手首の辺りから
他方の手でシールを剥がすしぐさ

025 しゅくだい（宿題）

片手で家の屋根を作り他方の手で書くしぐさ

026 しょうがつ（正月）

数字の「1」を上下に並べる（1月1日を示す）

027 すいかわり（西瓜割り）

①スイカの丸い形　②スイカを割るしぐさ

028 すごろく（双六）

すぼめた手を前方に数回進めるしぐさ

029 たこあげ（凧揚げ）

凧の紐を引く動作

030 たなばた（七夕）

両手で指文字「7」を作り向かい合わせてから内側に手の平を返す（7月7日の意）

031 たまいれ（玉いれ）

玉を投げ入れるしぐさ

032 たんじょうかい（誕生会）

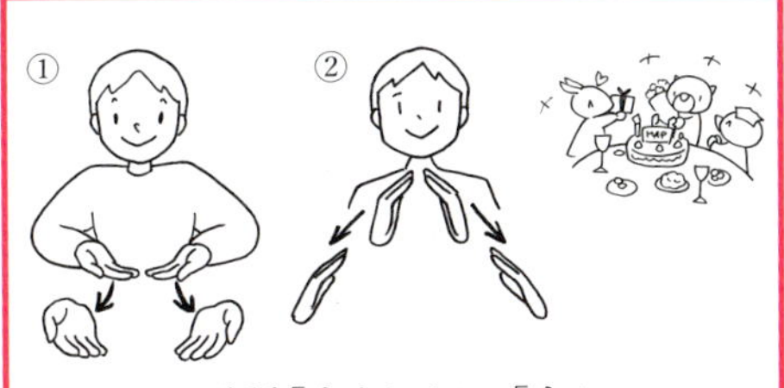

手話「生まれる」＋「会」

033 たんじょうび（誕生日）

手話「生まれる」＋「日」

034 つきみ（月見）

①両手親指と人差し指で丸を作る
②手話「見る」を上のほうに向ける

035 つなひき（綱引き）

綱を持って引くしぐさ

036 とうばん（当番）

指文字「え」を肩に2回トントンとつける

037 ドリル

手話「練習・おけいこ」＋「本」

名詞（ものごとのなまえをあらわすことば）

038 なつまつり（夏祭り）

手話「夏」＋神輿を担ぐしぐさ

039 なふだ（名札）

両手を左胸にあて名札の形を示す

040 ねんがじょう（年賀状）

手話「正月」＋「郵便」

041 ノート

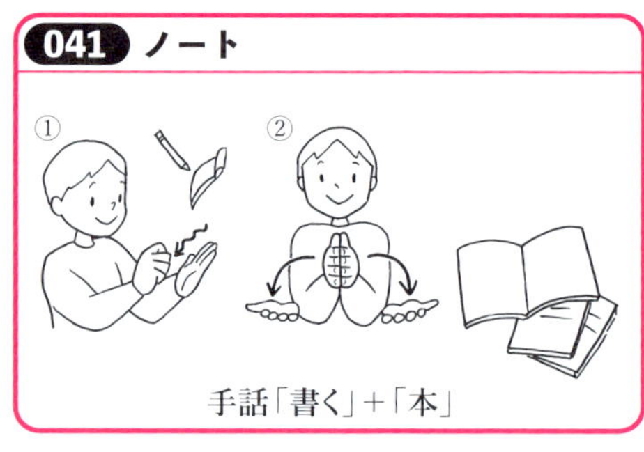

手話「書く」＋「本」

042 はっぴょう（発表）

両手の人差し指と親指で直角を作り、
前に1回押し出す

043 はねつき（羽つき）

羽根を羽子板でつくしぐさ

044 バレンタイン

胸の前でハートの形を作る

045 ハロウィン

開いた人差し指と中指を内側に向け
目の前で閉じながら横に動かす

046 ひなまつり（雛祭り）

数字「3」を上下に並べる

047 べんきょう（勉強）・まなぶ（学ぶ）

両手の平を上に向けてから2回少しさげる

048 ほん（本）・（ほんを）ひらく（開く）

両手で本を開くしぐさ

049 まめまき（豆まき）

豆をまくしぐさ

050 もちつき（餅つき）

杵を持って振り下ろすしぐさ

051 やきいも（焼き芋）

①両手で「いも」の形を作る
②「焼く」の手話

052 よてい（予定）

指先を前に向けた両手を上下にして横に動かす

053 ランドセル

人差し指と親指を内側に向け
肩紐をイメージする

054 れんらくちょう（連絡帳）

①両手人差し指と親指を丸めて絡ませ前方に動かして手前に引く　②本の手話

8 屋外での遊びをあらわすことば

001 あいこ

指文字「た」を互い違いに下に倒す

002 あみ（網）

①両手の平を直角に合わせてそのまま下へ
②虫取り網を持って虫を取るしぐさ

003 いたずら

外側に向けた手の平を下から上に
ゆらゆらさせながらあげる

004 おいかけっこ（追いかけっこ）

親指を人に見立て
前後に近づけたり離したりする

005 かいじゅう（怪獣）

手を①と②とで上から襲いかかるしぐさ

006 かくれんぼ

頭を抱えて隠れているしぐさ

007 かだん（花壇）

①花の手話を2、3回
②花壇の縁を両手であらわす

008 グローブ

グローブに見立てた手のなかに
他方の拳を入れる

009 さんぽ（散歩）

親指と人差し指で歩くしぐさをする

010 さんりんしゃ（三輪車）

手を足に見立ててペタルを漕ぐしぐさ

011 シーソー

左右の手で「座る」手話をして
それを上下に動かす

012 ジェットコースター

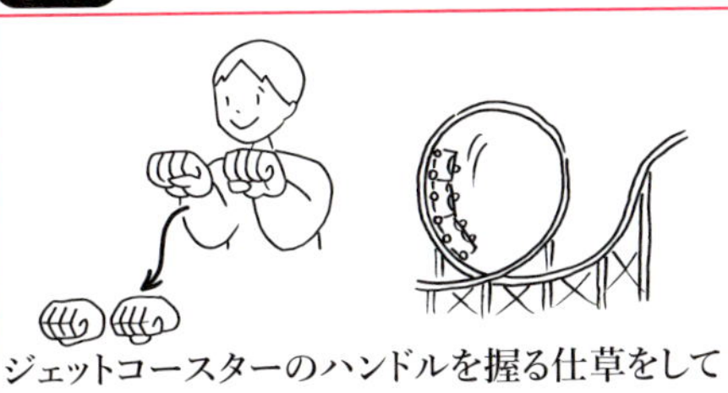

ジェットコースターのハンドルを握る仕草をして
上から下へ動かす

013 シャベル

片手でシャベルを持って砂をすくう

014 しゃぼんだま（シャボン玉）

片手でストローを吹くしぐさをして
他方の人差し指と親指で丸を作り、
それを上にあげて指をはじく

名詞（ものごとのなまえをあらわすことば）

015 ジャングルジム

①②③とジャングルジムの棒に手をかけて登るしぐさ

016 じょうろ

じょうろで花に水をやるしぐさ

017 すいそう（水槽）

①「魚」の手話
②両手で下から上に水槽の形をあらわす

018 スコップ

両手でスコップを持ち、土を掘って上にあげるしぐさ

019 すなば（砂場）

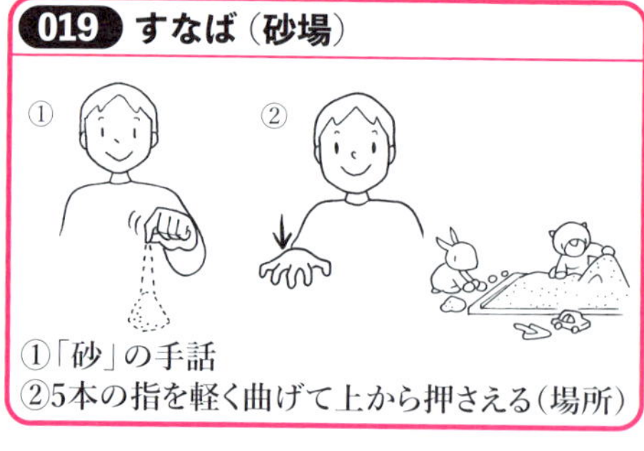

①「砂」の手話
②5本の指を軽く曲げて上から押さえる（場所）

020 すべりだい（滑り台）

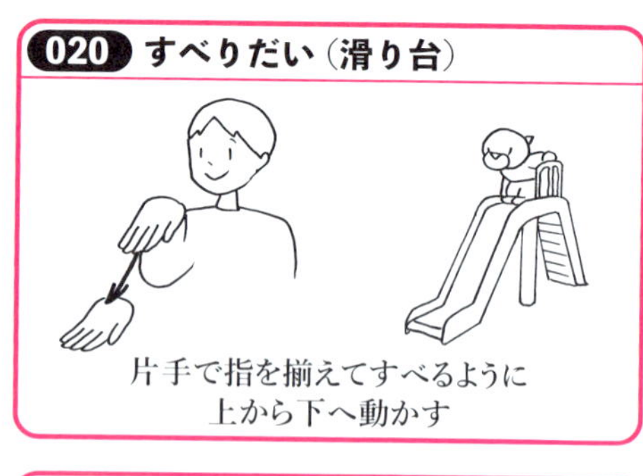

片手で指を揃えてすべるように上から下へ動かす

021 たからさがし（宝探し）

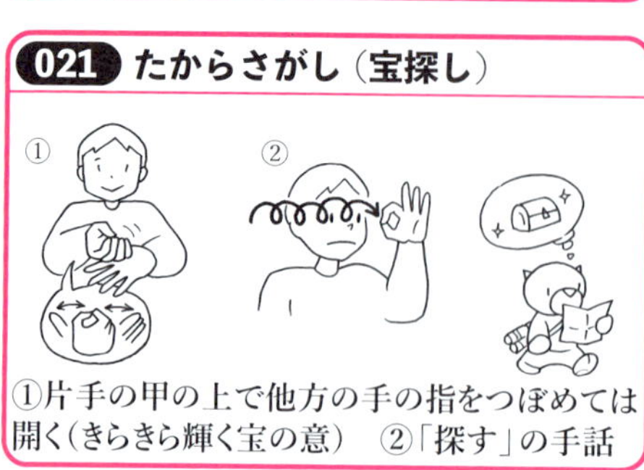

①片手の甲の上で他方の手の指をつぼめては開く（きらきら輝く宝の意）　②「探す」の手話

022 てつぼう（鉄棒）

①鉄棒を握り　②前回りのしぐさをする

023 どろんこあそび（泥んこ遊び）

手話「土」＋「遊ぶ」

024 なわとび（縄跳び）

両手で縄跳びを持ち縄を回すしぐさ

025 はたけ（畑）

片手を鍬に見立てて他方の人差し指を
柄にして、前方から後方へ動かす

026 バット

バットを振るしぐさ

027 ブランコ

ブランコに乗っているしぐさ

028 みずぎ（水着）

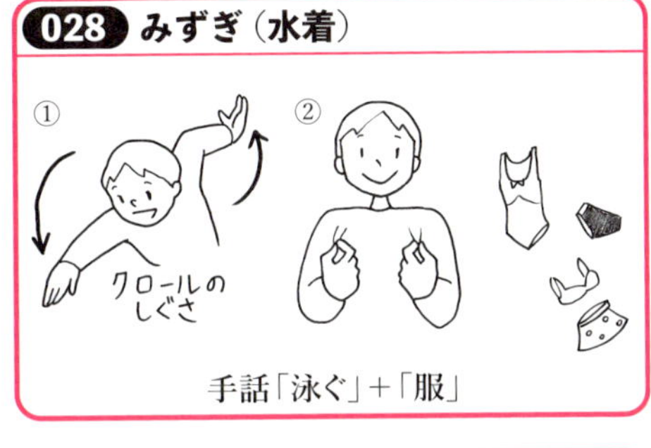

手話「泳ぐ」＋「服」

029 むしかご（虫篭）

①虫の手話　②両手で虫かごの形をあらわす

030 ゆきだるま（雪だるま）

両手で雪だるまの形を描く

9 屋内での遊びをあらわすことば

001 え（絵）

内側に向けた手の平をもう一方の手の甲で絵の具を塗るようにペタペタと2回叩く

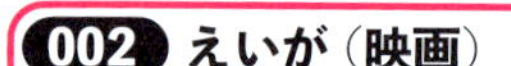

002 えいが（映画）

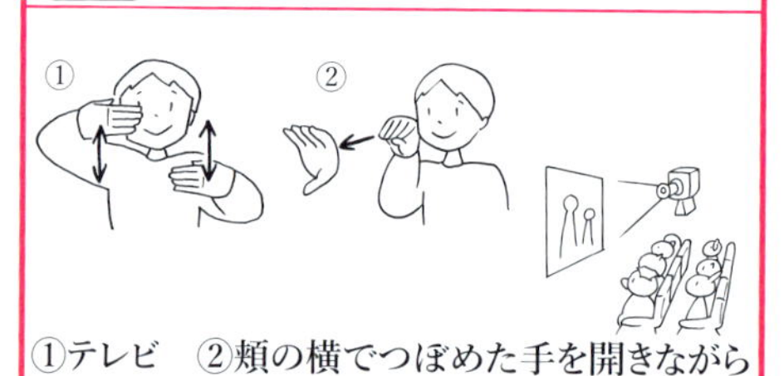

①テレビ　②頬の横でつぼめた手を開きながら前に出す

003 えのぐ（絵の具）

チューブから絵の具を出す動作

004 えほん（絵本）

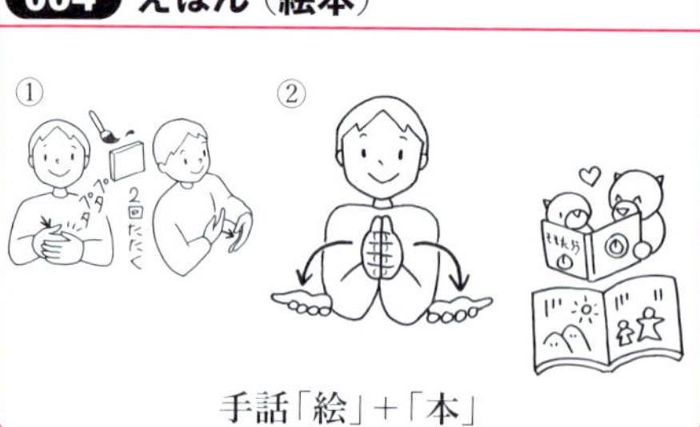

手話「絵」＋「本」

005 エレクトーン

①5本の指をつぼめたり開いたりする（「光る」の手話）　②「ピアノ」の手話

006 おうさま（王様）

手の甲に親指を立てた片手を乗せる

007 おかね（お金）

親指と人差し指で輪を作り少し振る

008 おと（音）

人差し指で耳の穴をさす

009 おめん（お面）

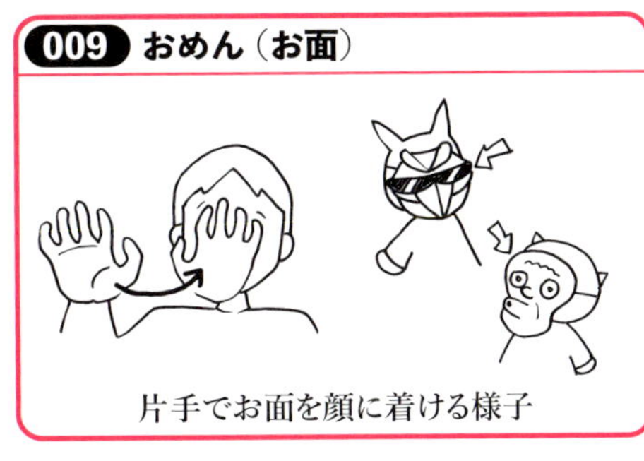

片手でお面を顔に着ける様子

010 おんがく（音楽）

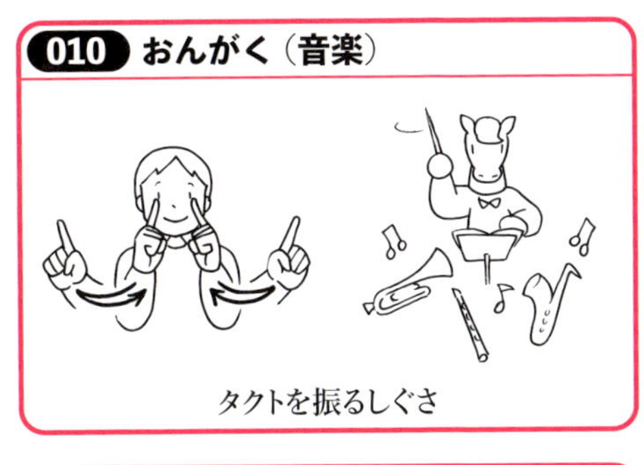

タクトを振るしぐさ

011 おんぶ（負んぶ）

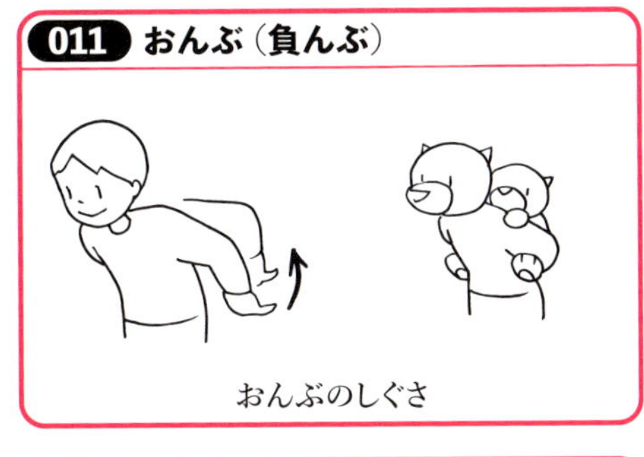

おんぶのしぐさ

012 かいもの（買い物）

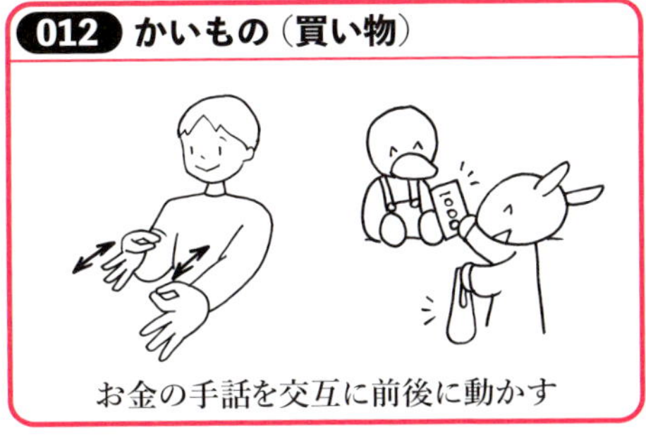

お金の手話を交互に前後に動かす

013 かみしばい（紙芝居）

両手で紙芝居の紙をめくるしぐさ

014 きって（切手）

切手を舐めて貼るしぐさ

015 くじ

①片手で箱を持ちもう一方の手でなかを探る
②くじを取り出す

016 クレヨン

クレヨンを持って描くしぐさ

017 ゲーム

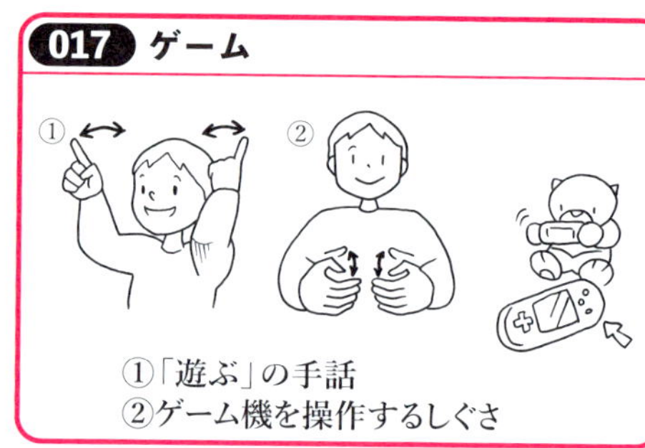

①「遊ぶ」の手話
②ゲーム機を操作するしぐさ

018 こま（独楽）

こまを回すしぐさ

019 しゃしん（写真）

①「カメラ」の手話
②写真の形をあらわす

020 じゃんけん

両手のグーを向かい合わせて振る

021 じゅんばん（順番）・ならぶ

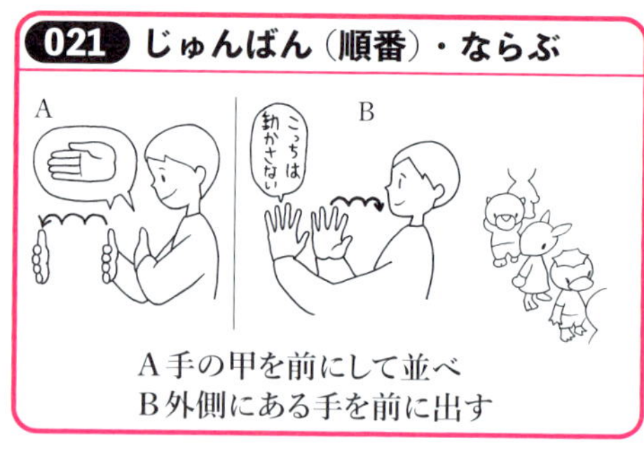

A 手の甲を前にして並べ
B 外側にある手を前に出す

022 ずかん（図鑑）

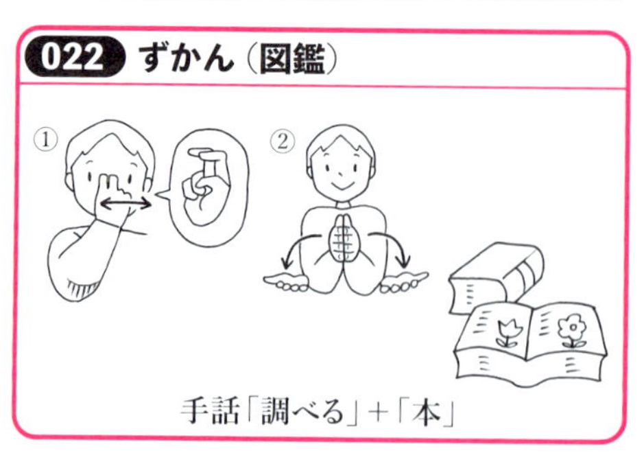

手話「調べる」+「本」

023 すもう（相撲）

左右の手で交互に押すしぐさ

024 セロテープ

片手でセロテープの本体を押さえ、
一方の手でテープを伸ばして貼る

025 たいそう（体操）

手を握り中央で両手を交差して開く

026 つみき（積み木）・つむ

積み木を積み上げる感じ

027 てがみ（手紙）

手話「郵便」+「書く」

028 てるてるぼうず（てるてる坊主）

首のところをひねるしぐさ

029 トランプ

トランプを切るしぐさ

030 トランポリン

2本の指を人に見立てて
トランポリンを跳んでいるイメージ

031 にせもの

①手話「嘘」+②指文字「に」を前に出す

032 にんぎょう（人形）

人形を抱くしぐさ

033 にんぎょうげき（人形劇）

親指、人差し指、小指を立て
甲を外側にして手首を振る

034 ねんど（粘土）

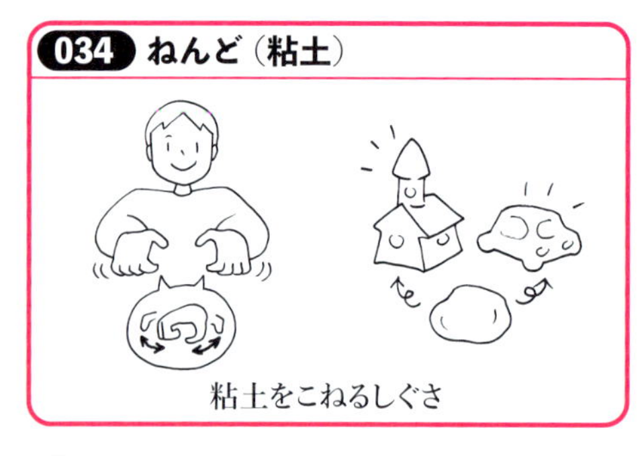

粘土をこねるしぐさ

035 のり（糊）

人差し指で片手の平に塗るしぐさ

036 はがき（葉書）

①「郵便」の手話　②はがきの形

037 バレーボール

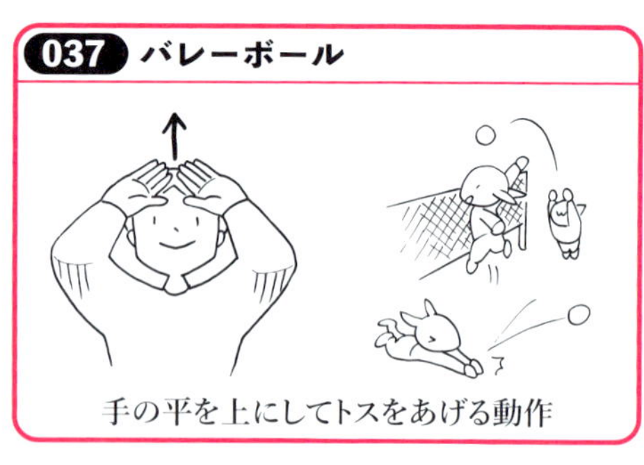

手の平を上にしてトスをあげる動作

038 はんこ（判子）

持ったハンコに息を吹きかけ押すしぐさ

039 ピアノ・（ピアノを）ひく（弾く）

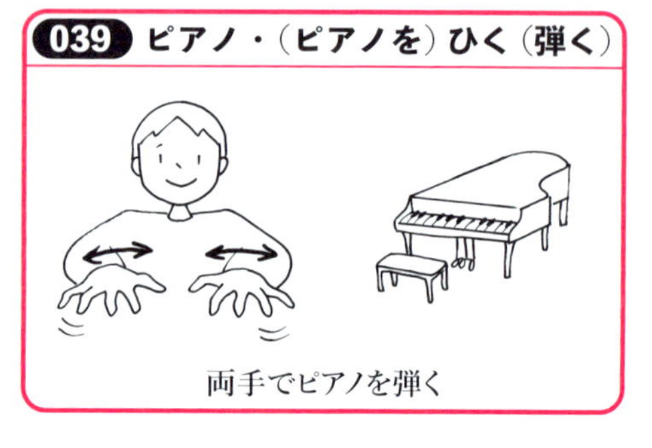

両手でピアノを弾く

040 ふうせん（風船）

風船を膨らますしぐさ

041 へんしん

向かい合わせた指文字「ほ」と「て」を
入れ替えるように動かす

042 ポスト

①手話「郵便」
②手紙をポストに入れるしぐさ

043 マジック

①マジックペンのキャップを外す
②マジックで書くしぐさ

044 ままごと

手話「食べる」＋「遊ぶ」

045 ルール

指文字「る」を両手で上下に同時にあらわす

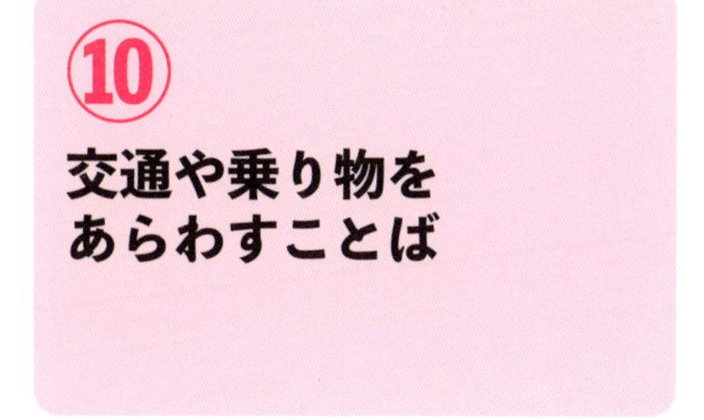

⑩ 交通や乗り物をあらわすことば

001 うんてん（運転）

車のハンドルを握って動かす

002 えき（駅）

手の平を片方の手で挟む

003 エスカレーター

004 エレベーター

手の平に2本の指を乗せて
下（または上）に動かす

005 おうだんほどう（横断歩道）

2本の指を足に見立てて交互に動かし前に出す

006 かいさつぐち（改札口）

手話「切符」＋「口」

007 きしゃ（汽車）

SLの連結棒の動きをイメージして
腕を同時に回す

008 きっぷ（切符）

切符にハサミを入れる感じ

009 きっぷうりば（切符売り場）

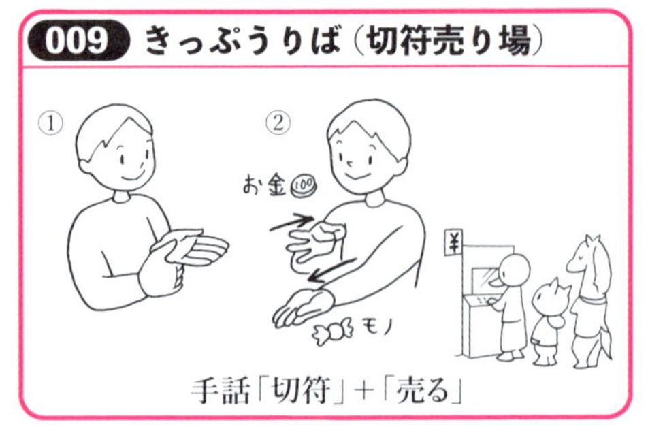

手話「切符」＋「売る」

010 きゅうきゅうしゃ（救急車）

額の前でクルクルと手を動かし
ランプの点滅をあらわす

011 くるま（車）・じどうしゃ（自動車）

片手で車体の形を作り前方へ

012 じこ（事故）

両手を左右から近づけ、ぶつけてはじく

013 じてんしゃ（自転車）

ペダルを漕ぐしぐさ

014 じてんしゃおきば（自転車置き場）

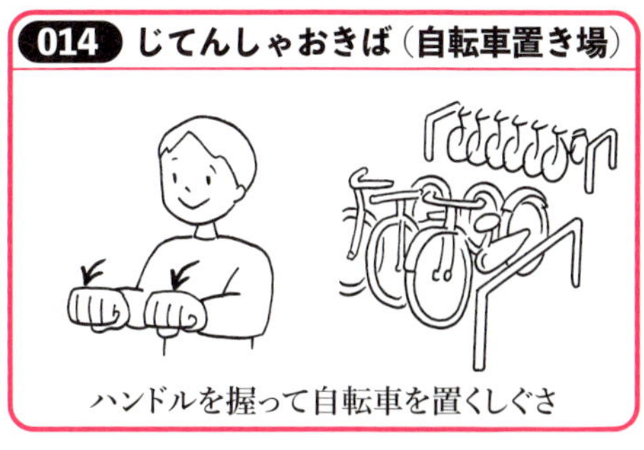

ハンドルを握って自転車を置くしぐさ

015 しゅっぱつ（出発）

手の平の上から片手を車に見立てて前に出す

016 しょうぼうしゃ（消防車）

両手でホースを持ち
放水するように左右に動かす

017 ショベルカー

片手でシャベルの動きをあらわす

018 しんかんせん（新幹線）

新幹線の先端部分をあらわす

019 しんごう（信号）

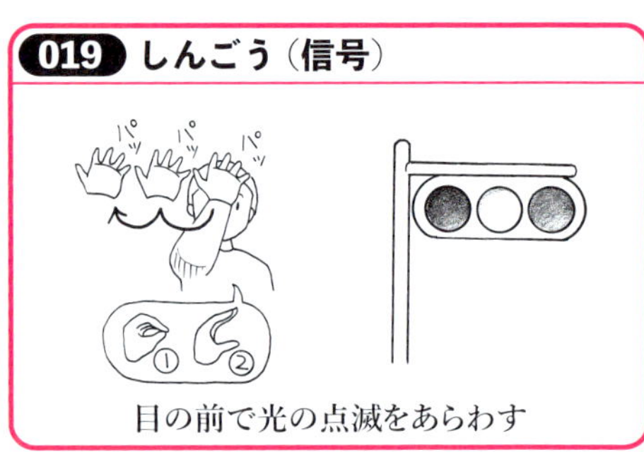

目の前で光の点滅をあらわす

020 せんろ（線路）

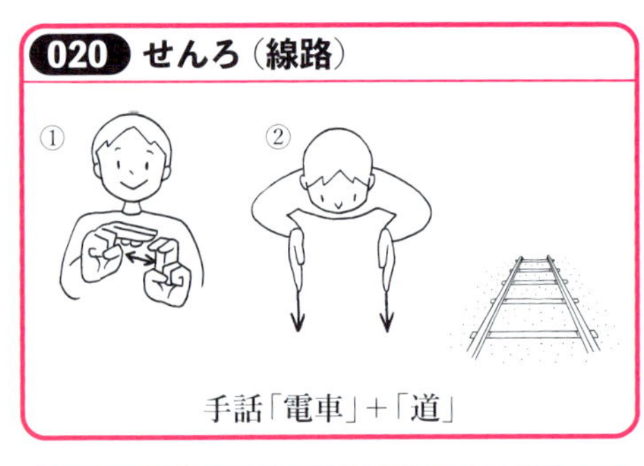

手話「電車」＋「道」

021 タイヤ

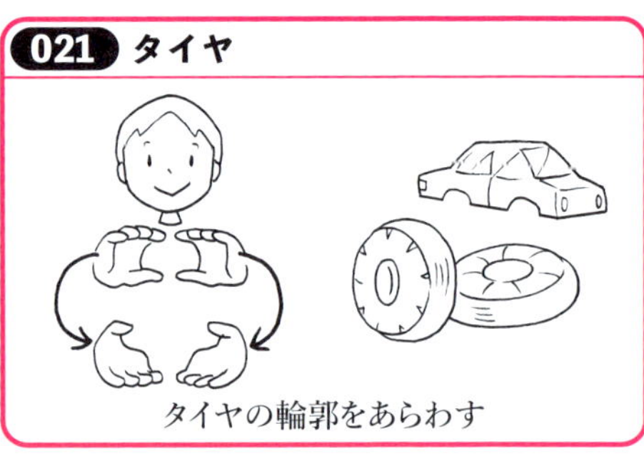

タイヤの輪郭をあらわす

022 タクシー

小指と人差し指を立てて親指を横にして
1、2度前に動かす（両指を立てない手話もある）

023 ちかてつ（地下鉄）

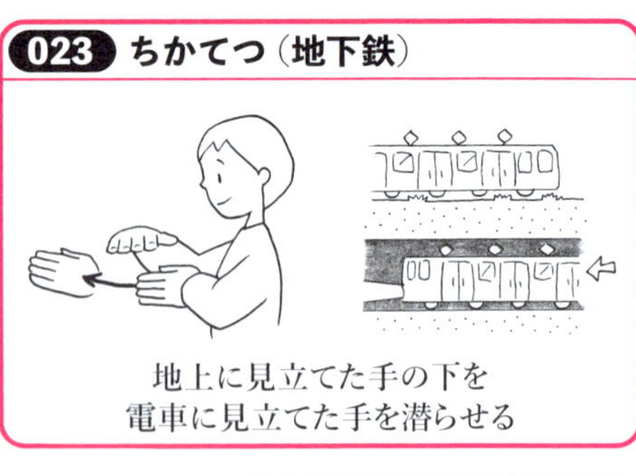

地上に見立てた手の下を
電車に見立てた手を潜らせる

024 ていきけん（定期券）

持っているパスを改札にかざす動作

025 でんしゃ（電車）

架線に見立てた指の下を
電車が通る感じで前後に

026 とうちゃく（到着）・つく（着く）

手の平に手刀を乗せる

027 トラック

トラックのハンドルを握るしぐさ

028 トンネル

片手で山の形を作る

029 のりかえ（乗り換え）

人に見立てた2本の指を
そのままひっくり返して寝せる

030 のりもの（乗り物）

手話「乗る」＋「いろいろ」

031 バイク・オートバイ

ハンドルを握って右手を回し
エンジンをふかすしぐさ

032 バギー・ベビーカー・うばぐるま

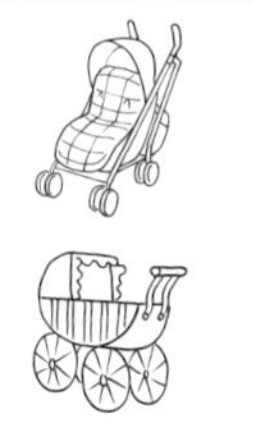

033 はし（橋）

2本の指で弧を描きながら手前に動かす

034 バス

指文字「ム」を向かい合わせて前に出す

035 バスのりば（バス乗り場）・バスてい（バス停）

バス停の形を両手で作る

036 パトカー

手話「警察」＋「車」

037 ひこうき（飛行機）・とぶ（飛ぶ）

飛行機に見立てた手を前に出す

038 ふね（船）

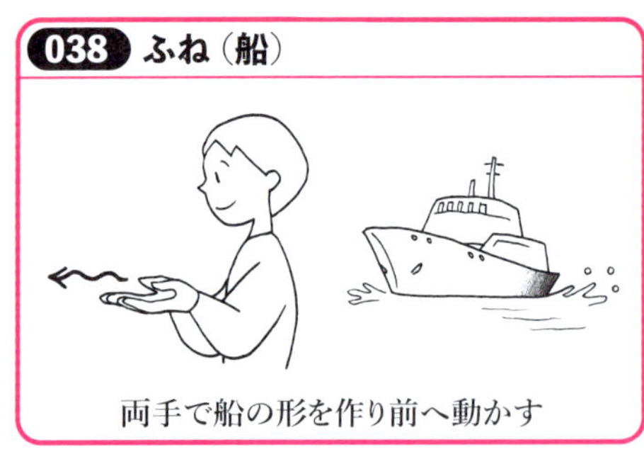

両手で船の形を作り前へ動かす

039 ブルドーザー

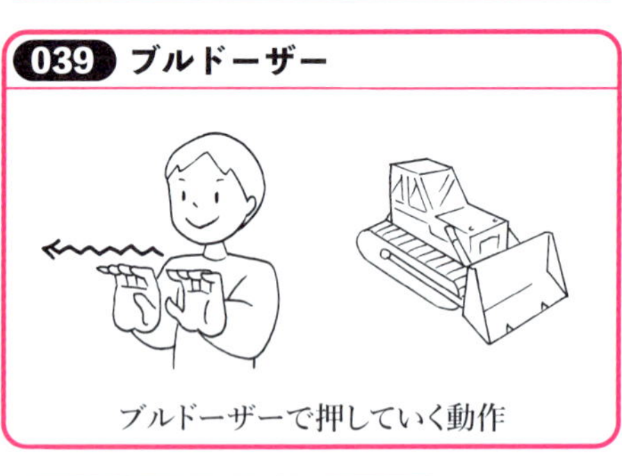

ブルドーザーで押していく動作

040 ヘリコプター

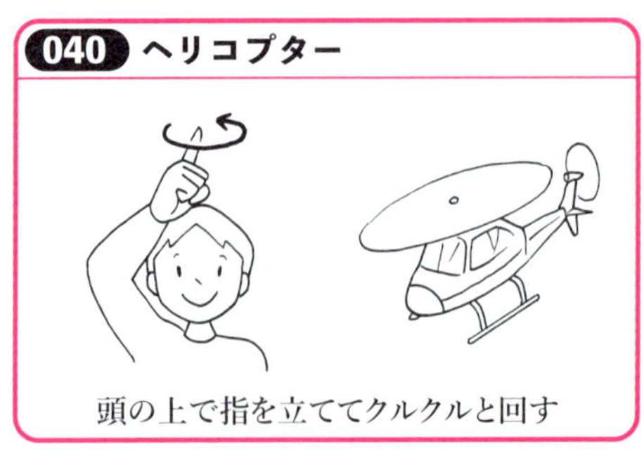

頭の上で指を立ててクルクルと回す

041 ホーム

片手でホームをあらわし、
片手で電車をあらわして前に出す

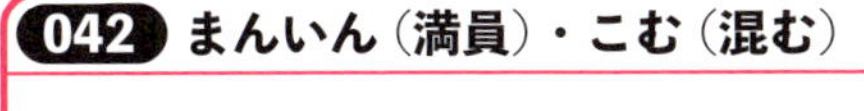

042 まんいん（満員）・こむ（混む）

両手の甲をつけたまま腕を回す

043 みち（道）

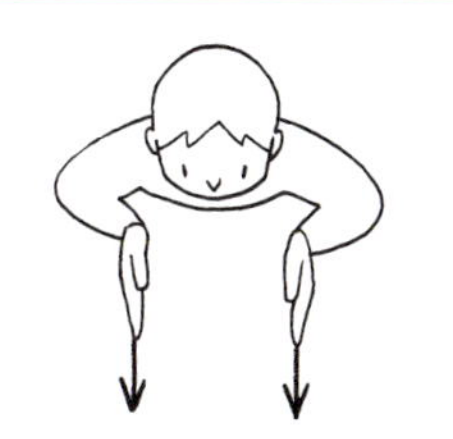

両手を向かい合わせて前方へ出す

044 ロープウェー

ゴンドラに見立てた片手を斜め上に動かす

⑪ 自然・気象・植物をあらわすことば

001 あさがお（朝顔）

手話「朝」＋「花」

002 あめ（雨）

指を下に向け下に2回おろす

003 あらし（嵐）

「風」の手話を回しながら勢いよく繰り返す

004 いけ（池）

片手を横にして
他方の手の平を上にして円を描く

名詞（ものごとのなまえをあらわすことば）

005 いし（石）

漢字の「石」を作るイメージ

006 うみ（海）

手話「しょっぱい」＋「水」

007 えだ（枝）

2本の指で枝の形をあらわす

008 おちば（落ち葉）

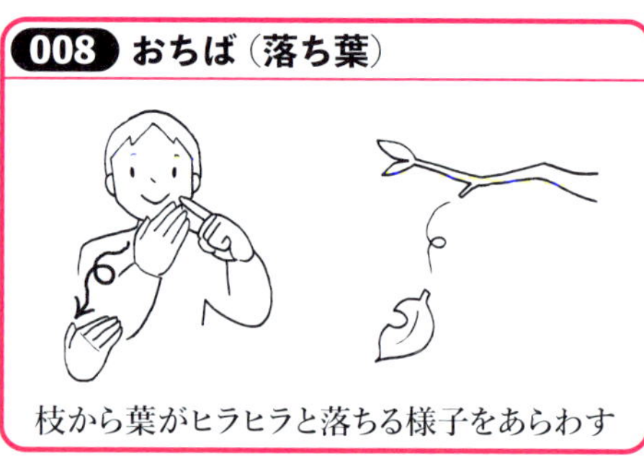

枝から葉がヒラヒラと落ちる様子をあらわす

009 かじ（火事）

片手を家に見立てて片手で燃える様子をあらわす

010 かぜ（風）・（かぜが）ふく（吹く）

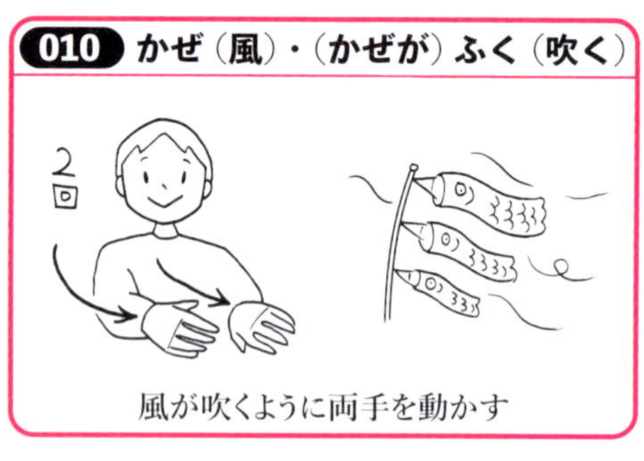

風が吹くように両手を動かす

011 かみなり（雷）

稲妻が光るように指をジグザグに動かす

012 かわ（川）

3本の指を川に見立てて
揺らしながら横に動かす

013 き（木）

両手の人差し指と親指で木の幹をあらわし
その手を上に

014 きのね（木の根）

木の下から根が生えている様子をあらわす

015 きゅうこん（球根）

手を合わせ少し膨らませる

016 きゅうこんのね（球根の根）

球根の下から根が生えている様子をあらわす

017 くうき（空気）

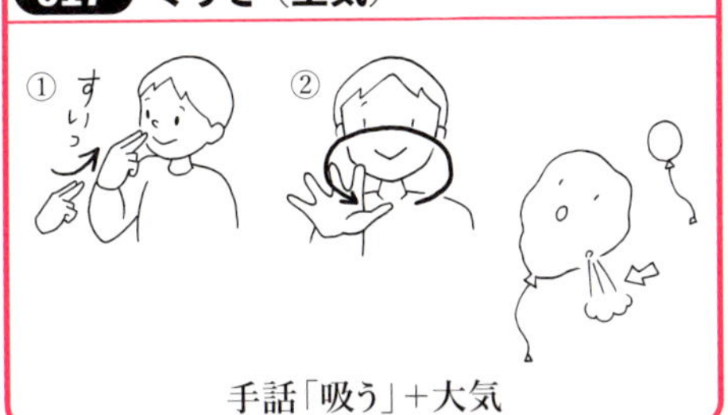

手話「吸う」＋大気

018 くさ（草）

両の手の平を内側にして立て
交互に上下に動かす

019 くも（雲）

両手でふわふわした雲の様子をあらわす

020 くもり（曇り）

雲が空いっぱいに広がっているように
横に動かす

021 さくら（桜）

重ね合わせた手の平を重ねたまま順に動かす

022 じしん（地震）

手の平を上にして同時に前後に動かす

023 しょくぶつ（植物）

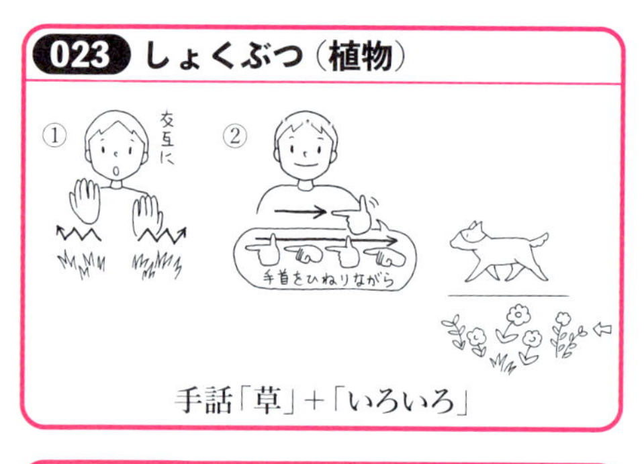

手話「草」＋「いろいろ」

024 そら（空）

空が広がっているように片手を横に動かす

025 たいふう（台風）

5本の指を曲げた手の平を
向かい合わせて交互に回す

026 たいよう（太陽）・おひさま（お日様）

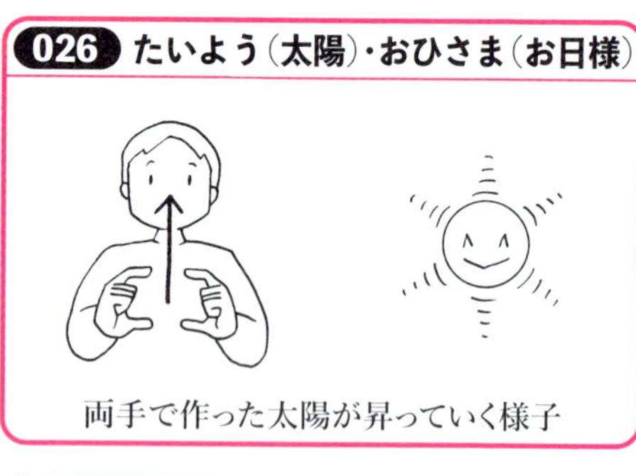

両手で作った太陽が昇っていく様子

027 たね（種）

手の平から種をつまんで植えるしぐさ

028 チューリップ

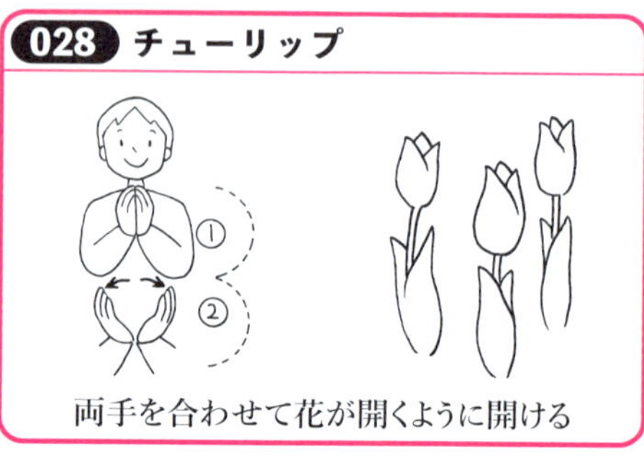

両手を合わせて花が開くように開ける

029 つき（月）

三日月の形を片手の親指と小指で描く

030 つち（土）・すな（砂）

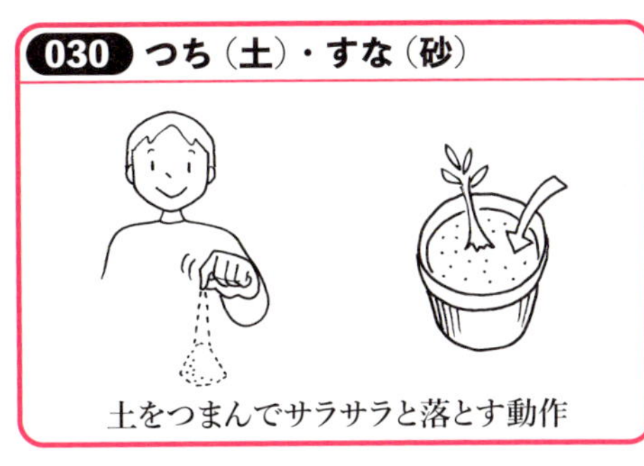

土をつまんでサラサラと落とす動作

031 つぼみ（蕾）

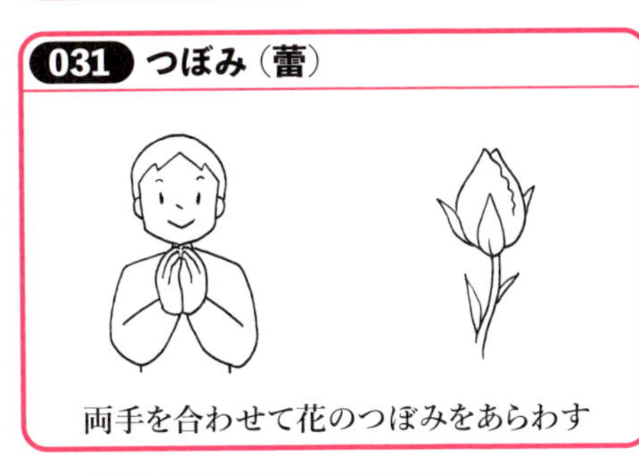

両手を合わせて花のつぼみをあらわす

032 てんき（天気）

片手を頭上で回す

033 とげ（棘）

枝から棘が出ている様子をあらわす

034 どんぐり

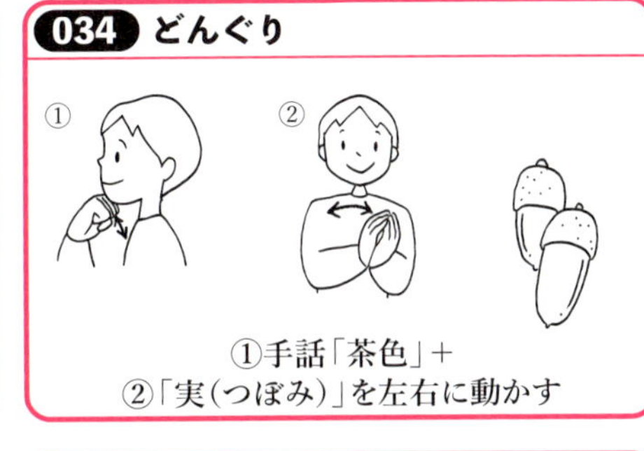

①手話「茶色」＋
②「実（つぼみ）」を左右に動かす

035 ながめ・けしき（景色）

額に手をあてたまま眺める感じで横に動かす

036 なみ（波）

波の動きを片手であらわす

037 にじ（虹）

指文字の「7」を作り頭上で弧を描く

038 はっぱ（葉っぱ）

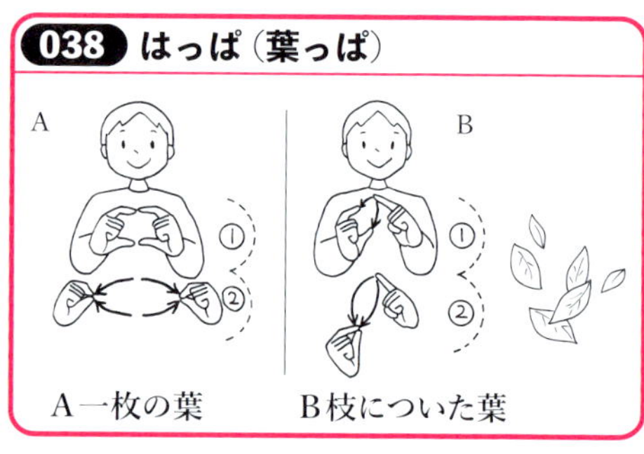

A 一枚の葉　　B 枝についた葉

039 はな（花）

つぼんだ花弁が開くように
手の平をねじりながら開く

040 はれ（晴れ）

交差させた両手を左右に開く

041 ひかり（光）・にっこう（日光）

頭上ですぼめた手を
パッと開いて顔の方向に動かす

042 ひまわり

向かい合わせた手の平をクルッと一回転させる

043 ほこり（埃）

両手で埃の立つ様子をあらわす

044 ほし（星）

握った両手をパッパッと開く

045 みず（水）

片手の平を上に向け
上下に揺らしながらひじのほうへ動かす

046 やま（山）

片手で山を描く

047 ゆうやけ（夕焼け）

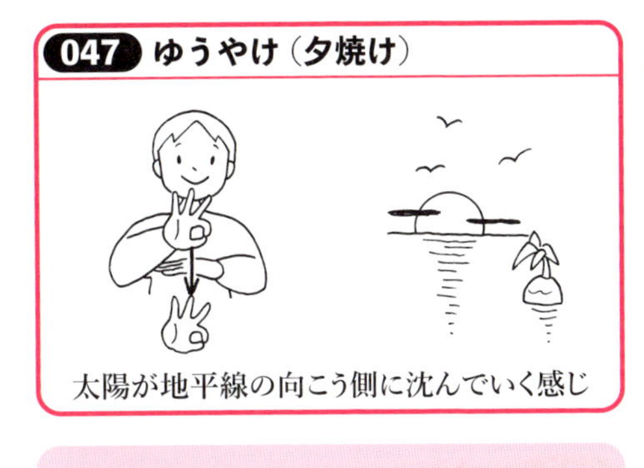

太陽が地平線の向こう側に沈んでいく感じ

048 ゆき（雪）

両手で雪を作り揺らしながら下に動かす

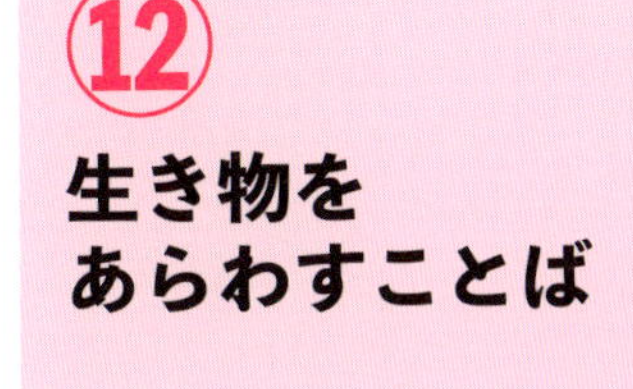

⑫ 生き物をあらわすことば

001 いか（烏賊）

あごの下に手の甲をつけ指をひらひらさせる

002 いきもの（生き物）

手話「生きる」＋「いろいろ」

003 いぬ（犬）

両手で犬の耳をあらわし動かす

004 うさぎ（兎）

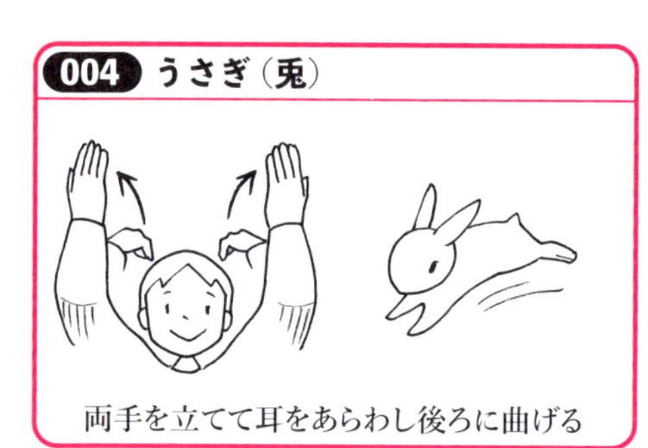

両手を立てて耳をあらわし後ろに曲げる

005 うし（牛）

両手の人差し指と親指で牛の角をあらわす

006 うま（馬）

指さした両手を斜め前で同時に上下に振る

007 えび（海老）

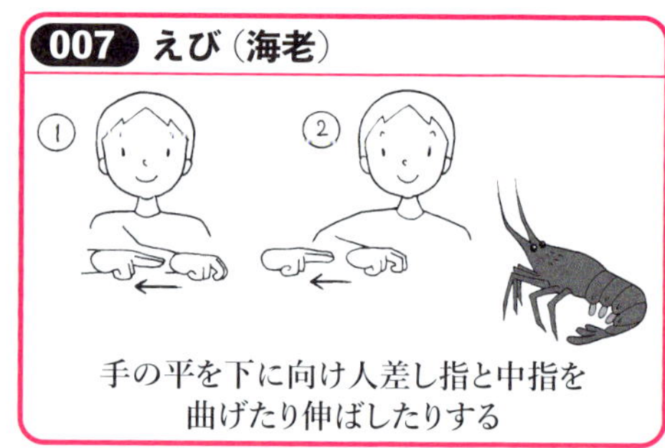

手の平を下に向け人差し指と中指を
曲げたり伸ばしたりする

008 おたまじゃくし（お玉じゃくし）

胴体と尾を作り揺らしながら進んでいく

009 か（蚊）

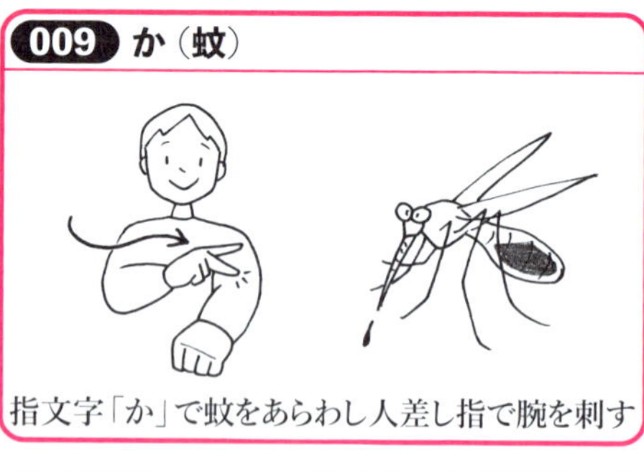

指文字「か」で蚊をあらわし人差し指で腕を刺す

010 かい（貝）

両手を貝に見立てて上下させる

011 かえる（蛙）

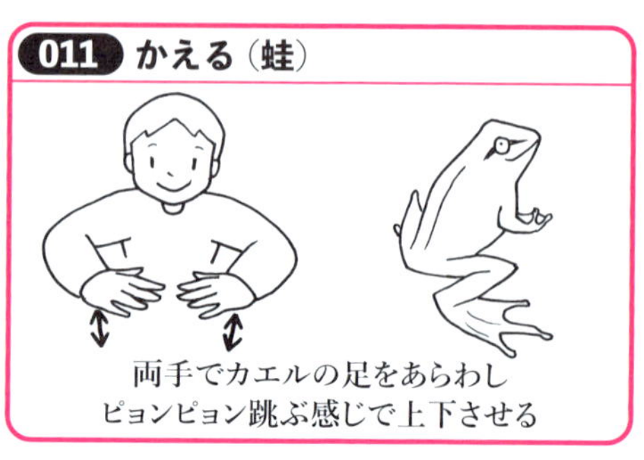

両手でカエルの足をあらわし
ピョンピョン跳ぶ感じで上下させる

012 かたつむり

チョキの上にグーをつけチョキを少し動かす

013 かに（蟹）

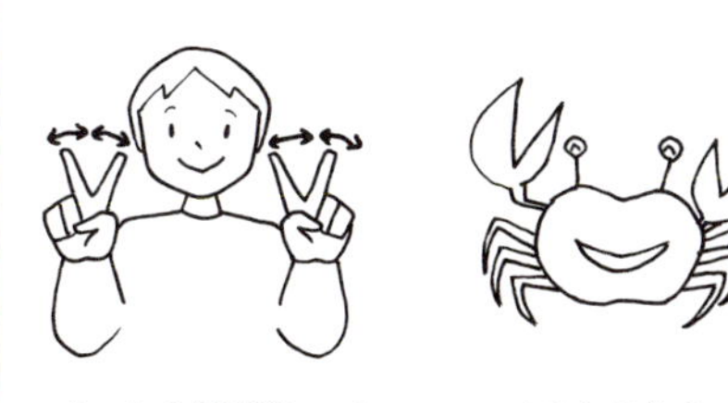

チョキを開閉してカニのハサミをあらわす

014 かば

両手でカバの大きな口を表現する

015 かぶとむし（甲虫）

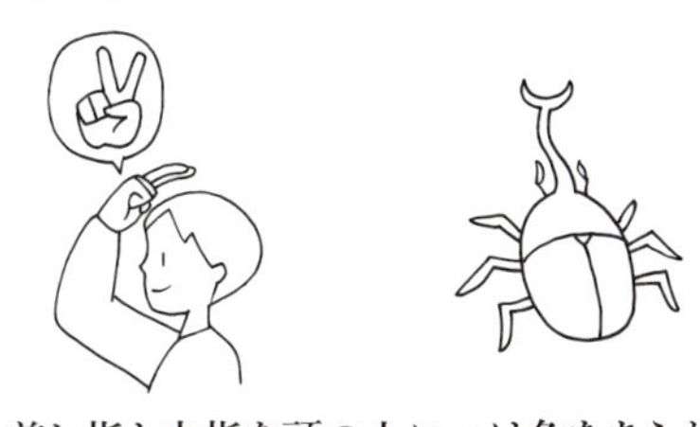

人差し指と中指を頭の上につけ角をあらわす

016 かめ（亀）

甲羅の下から頭を出す様子をあらわす

017 からす（烏）

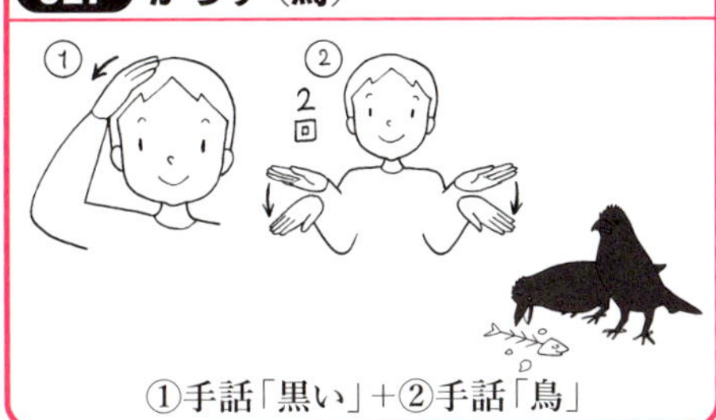

①手話「黒い」＋②手話「鳥」

018 きば（牙）

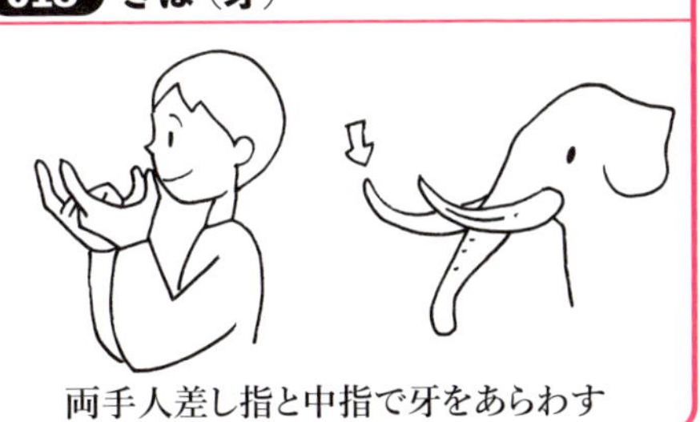

両手人差し指と中指で牙をあらわす

019 きょうりゅう（恐竜）

親指、人差し指、中指で
恐竜の爪を作り交互に出す

020 きりん（麒麟）

指文字「き」できりんの頭を
腕で首をあらわす

021 きんぎょ（金魚）

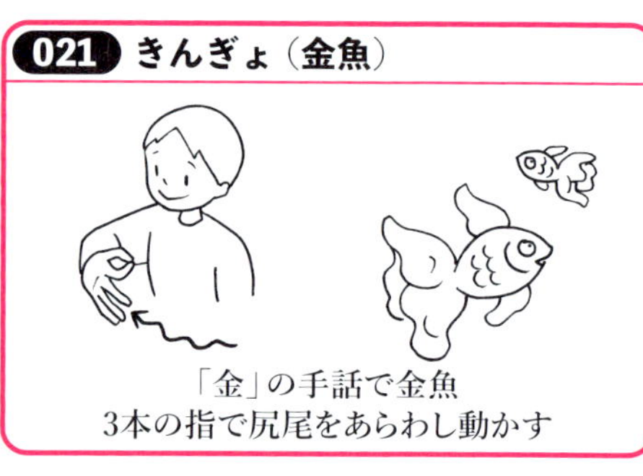

「金」の手話で金魚
3本の指で尻尾をあらわし動かす

022 くじら（鯨）

握った手を頭の後ろで
水を噴き上げるイメージで上に向けて開く

023 くま（熊）

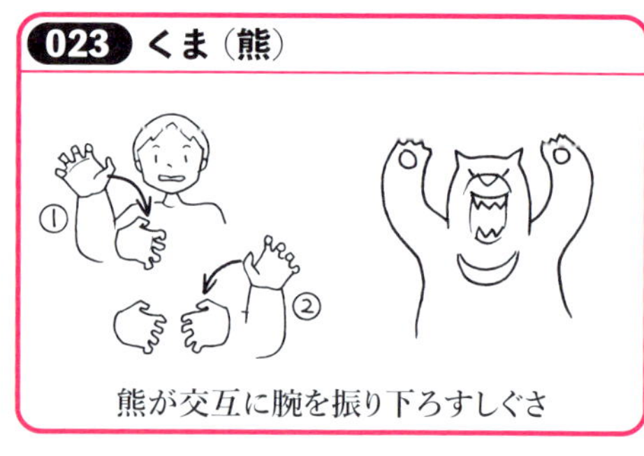

熊が交互に腕を振り下ろすしぐさ

024 くも（蜘蛛）

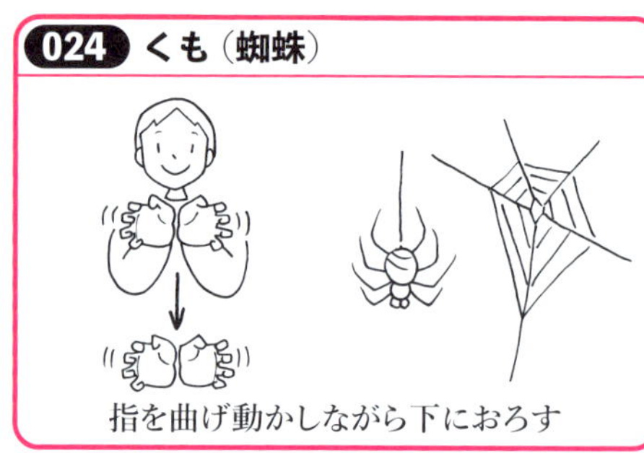

指を曲げ動かしながら下におろす

025 コアラ

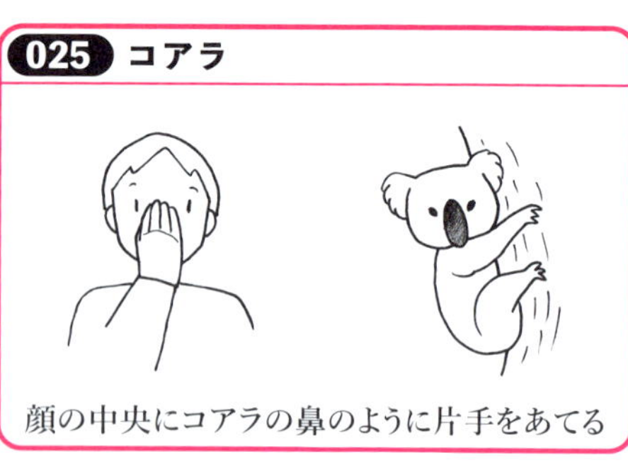

顔の中央にコアラの鼻のように片手をあてる

026 ゴリラ

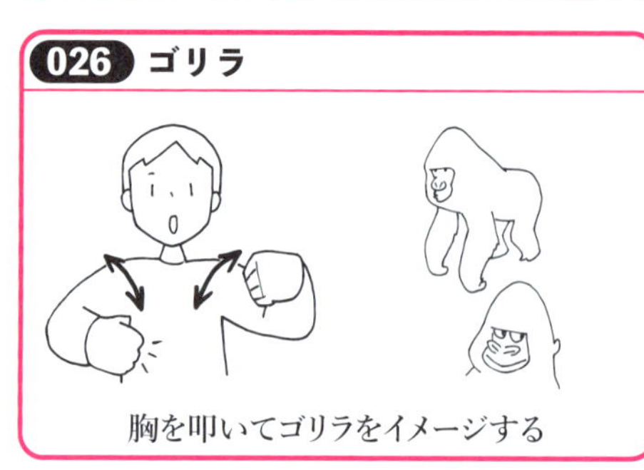

胸を叩いてゴリラをイメージする

027 さかな（魚）

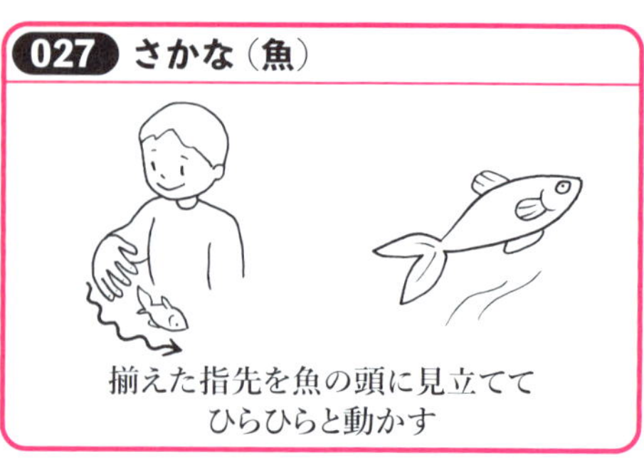

揃えた指先を魚の頭に見立てて
ひらひらと動かす

028 さる（猿）

頭とあごを同時に手でかく

029 しっぽ（尻尾）

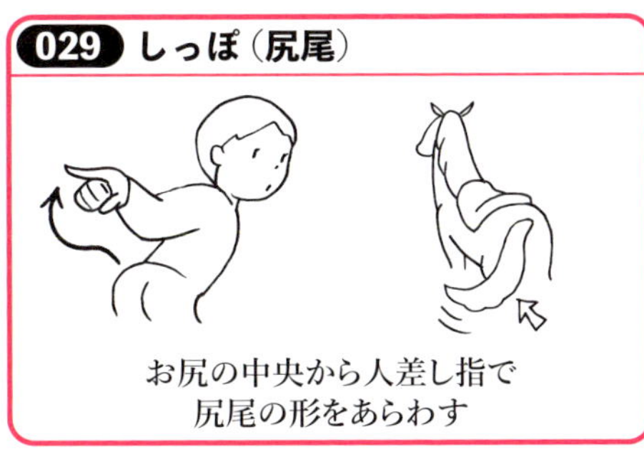

お尻の中央から人差し指で
尻尾の形をあらわす

030 すずめ（雀）

①親指と人差し指で円を作って両頬にあてる＋
②手話「鳥」

031 せみ（蝉）

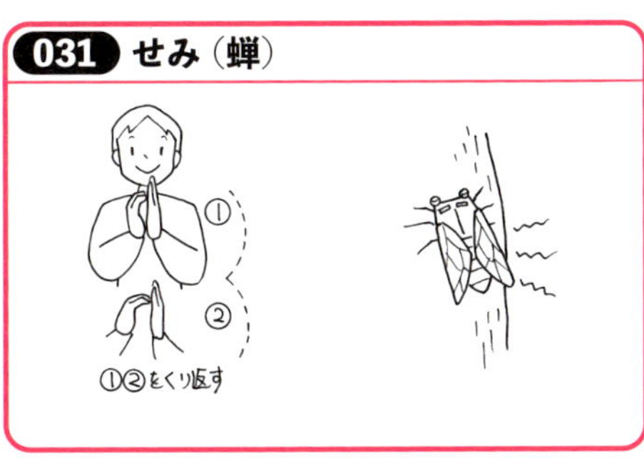

032 ぞう（象）

片手で象の鼻の動きをあらわす

033 たこ（蛸）

拳の下に片手の甲をあて指をひらひらさせる

034 たぬき（狸）

たぬきの腹鼓

035 ちょうちょう（蝶ちょう）

親指を絡ませて両手を羽に見立てて動かす

036 つの（角）

頭の横に人差し指で角を作る

037 どうぶつ（動物）

両手で動物の足をイメージし交互に動かす

038 とら（虎）

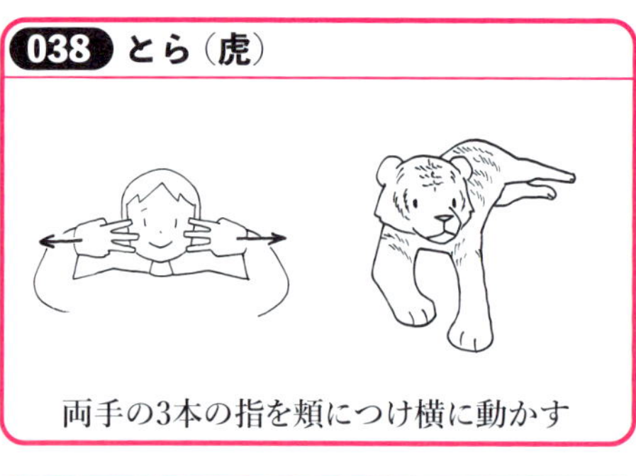

両手の3本の指を頬につけ横に動かす

039 とり（鳥）・はね（羽）

両手を羽に見立てて上下に動かす

040 とんぼ（蜻蛉）

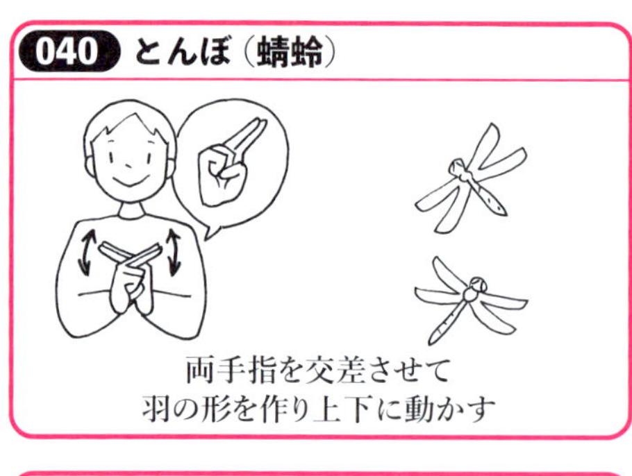

両手指を交差させて
羽の形を作り上下に動かす

041 にわとり（鶏）

親指を額につけ4本の指を立てて
トサカを作り左右に動かす

042 ねこ（猫）

握り拳で頬をなでるしぐさ

043 ねずみ（鼠）

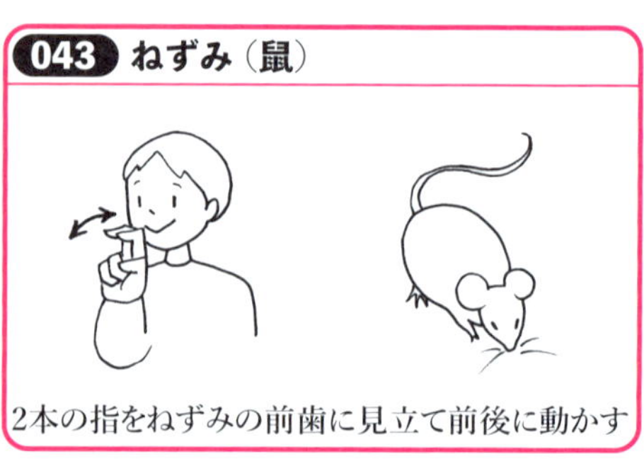

2本の指をねずみの前歯に見立て前後に動かす

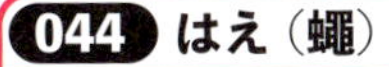

044 はえ（蠅）

飛ぶ蠅を指で追うしぐさ

045 はち（蜂）

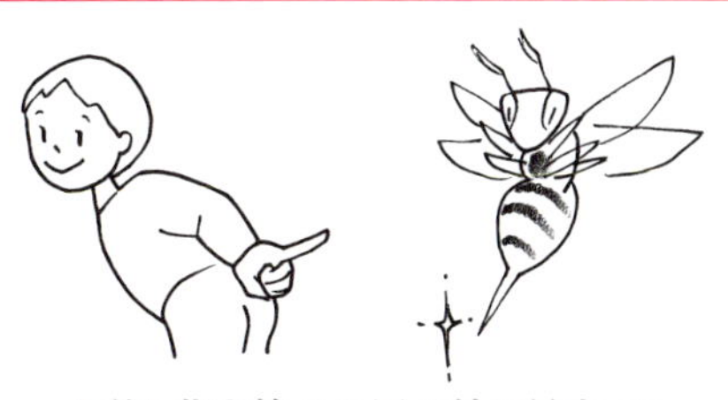

人差し指を蜂のお尻の針に見立てる

046 バッタ

バッタがピョンピョン跳ぶ様子

047 はと（鳩）

①手の平を下に向け胸の前で弧を描く＋
②手話「鳥」

048 パンダ

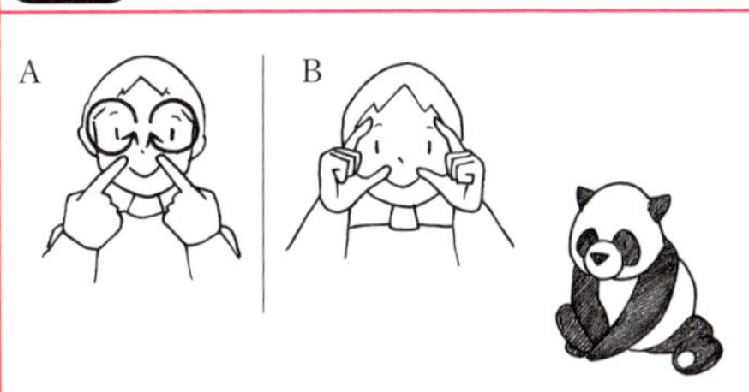

A指で円を描く　Bパンダの目の形

049 ひよこ・きいろ（黄色）

指文字「れ」の親指を額にあて、
人差し指を曲げる

050 ぶた（豚）

豚の鼻をあらわす

051 へび（蛇）

親指を突き出して蛇の頭をあらわし前へ這わせる

052 ペンギン

両手をペンギンの足に見立てて歩くしぐさ

053 むし（虫）

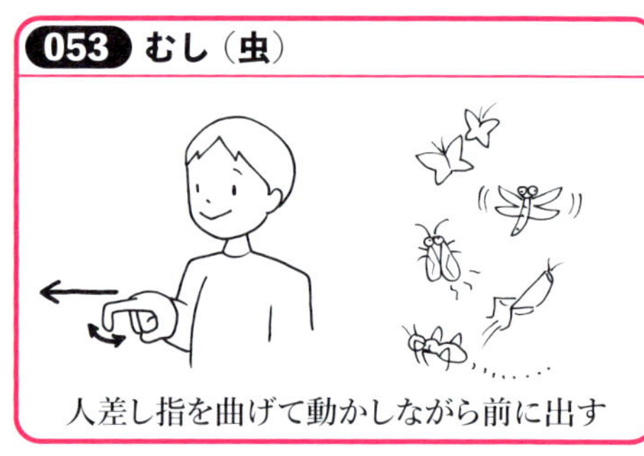

人差し指を曲げて動かしながら前に出す

054 ライオン

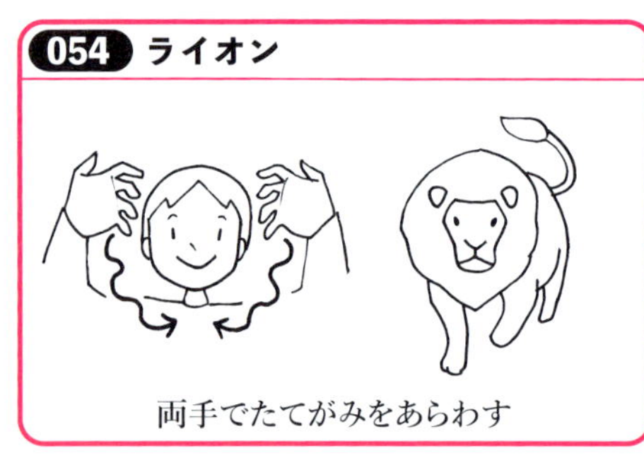

両手でたてがみをあらわす

055 リス

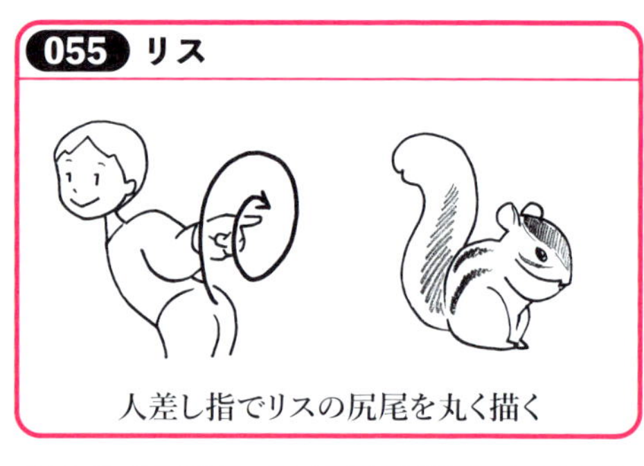

人差し指でリスの尻尾を丸く描く

056 わに（鰐）

ワニが口を開閉する様子

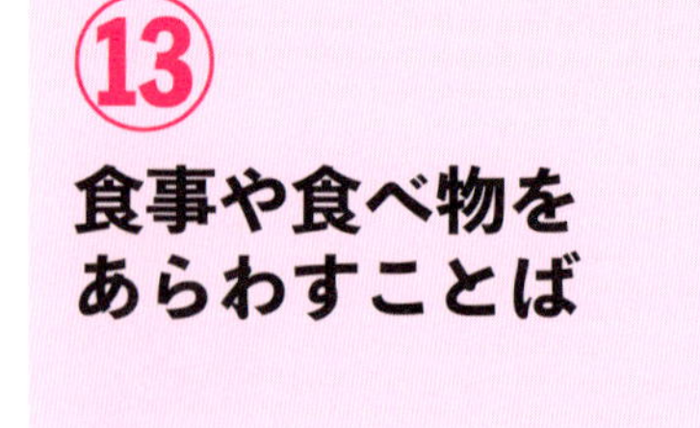

⑬ 食事や食べ物をあらわすことば

001 あじ（味）

口元に人差し指をあて少しさげる

002 いただきます

両手を合わせて拝むしぐさ

003 うどん

親指で食べるしぐさ

004 おかず

手話「副」+「食べる」

005 おかわり（お代わり）

「もう一度」+茶碗を差し出す動作

006 おこさまランチ（お子様ランチ）

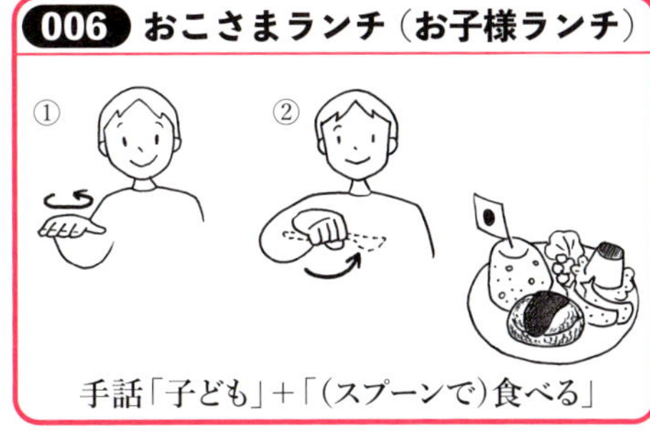

手話「子ども」+「（スプーンで）食べる」

007 おちゃ（お茶）

手の平に湯飲みを握って置く動作

008 おにぎり

おにぎりを握る動作

009 おべんとう（お弁当）

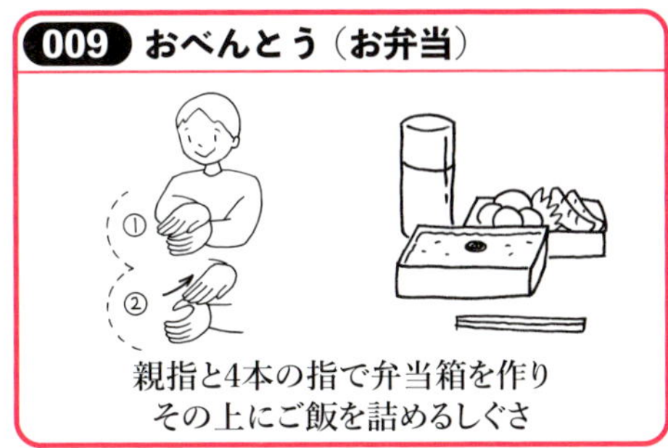

親指と4本の指で弁当箱を作り
その上にご飯を詰めるしぐさ

010 カレーライス

手話「からい」+「（スプーンで）食べる」

011 きゅうしょく（給食）

手話「昼」＋「食べる」

012 ぎゅうにゅう（牛乳）

手話「牛」＋「飲む」

013 ごちそう（ご馳走）

手話「肉」＋「いろいろ」

014 ごちそうさま

両手を合わせて拝むしぐさ

015 ごはん（ご飯）・たべる

（箸で）ご飯を食べる動作

016 こむぎこ（小麦粉）

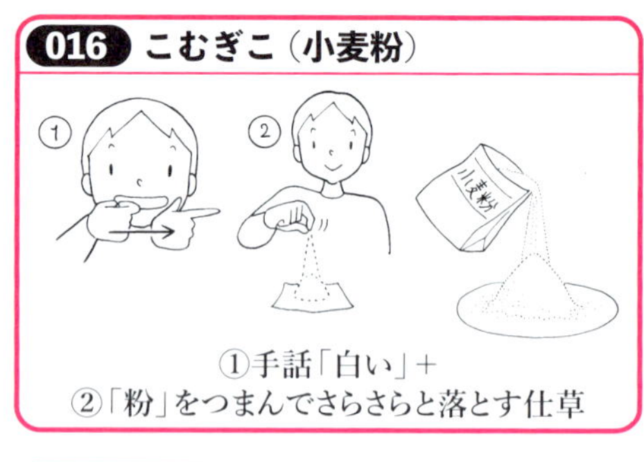

①手話「白い」＋
②「粉」をつまんでさらさらと落とす仕草

017 こめ（米）

親指と人差し指で米粒の形を作り
口の横にあてる

018 コロッケ

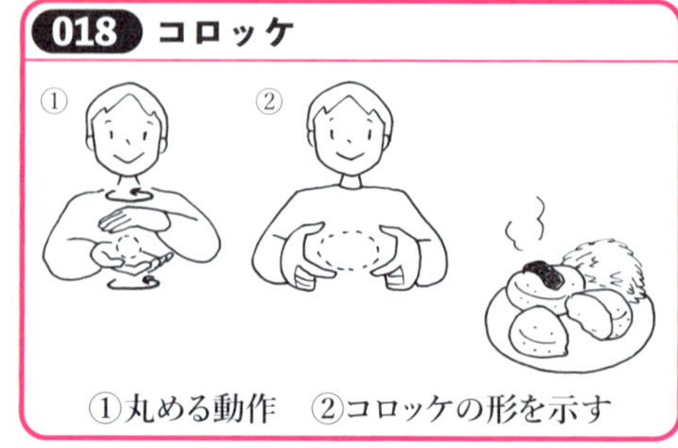

①丸める動作　②コロッケの形を示す

019 さとう（砂糖）・あまい（甘い）

手の平で口の周りを回す動作

020 サラダ

野菜をかき混ぜる動作

021 サンドイッチ

重なっているパンをつまんで食べるしぐさ

022 しお（塩）・からい（辛い）

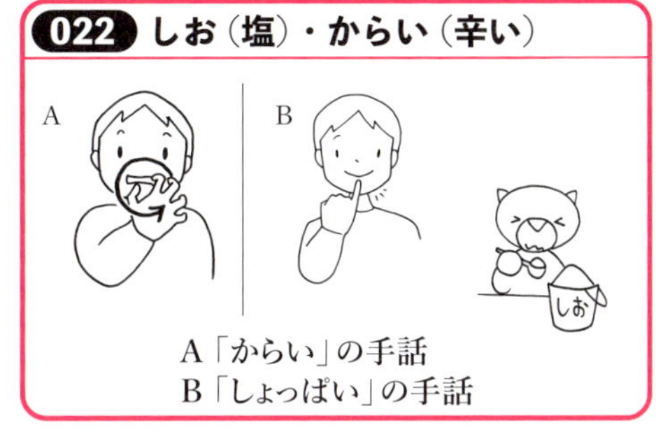

A「からい」の手話
B「しょっぱい」の手話

023 シチュー

①両手で鍋を掴む動作
②鍋をかき混ぜる動作

024 ジャム

①「甘い」の手話　②塗る動作

025 しょうゆ（醤油）

小指を回す

026 スープ

スプーンでスープをすくって飲むしぐさ

027 ステーキ

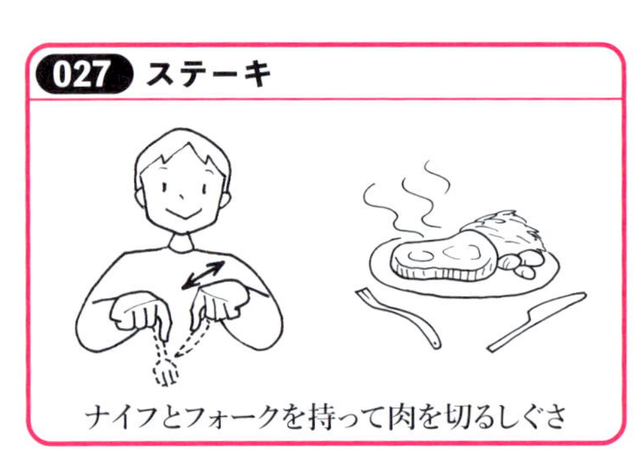

ナイフとフォークを持って肉を切るしぐさ

028 スパゲッティ

フォークに見立てた3本の指をくるくる回す

029 そうめん（素麺）

素麺に見立てた小指を口元に持っていき啜る

030 ソース

人差し指を回す

031 そば（蕎麦）

そばに見立てた人差し指を持っていき啜る

032 たべもの（食べ物）

手話「食べる」＋「いろいろ」

033 たまご（卵）

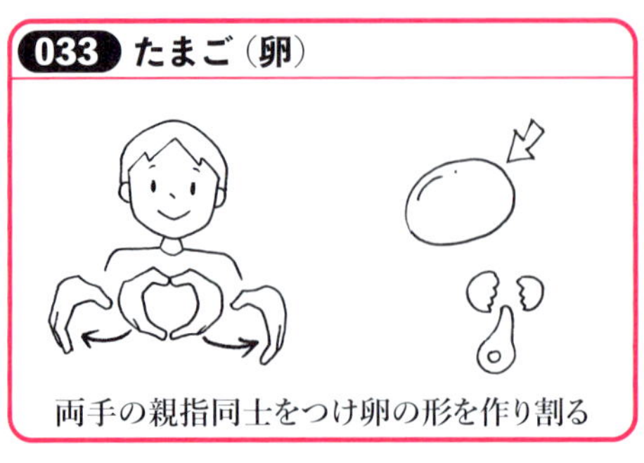

両手の親指同士をつけ卵の形を作り割る

034 てんぷら（天麩羅）

①衣を付ける動作　②油からあげる動作

035 とうふ（豆腐）

手の平の上で包丁に見立てた
他方の手でさいの目に切る

036 トマトケチャップ

手話「トマト」＋「絞る」

037 なっとう（納豆）

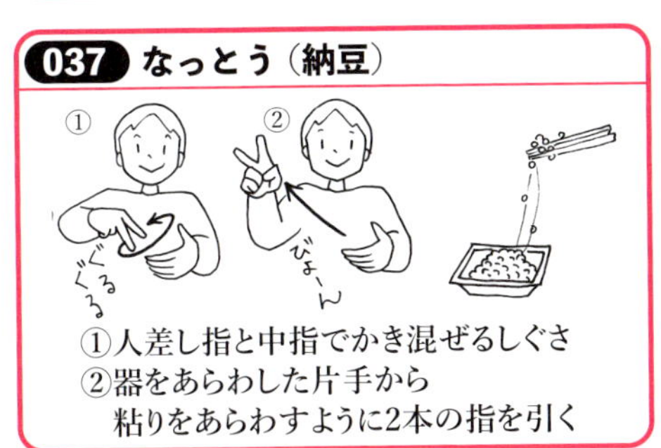

①人差し指と中指でかき混ぜるしぐさ
②器をあらわした片手から
　粘りをあらわすように2本の指を引く

038 なま（生）

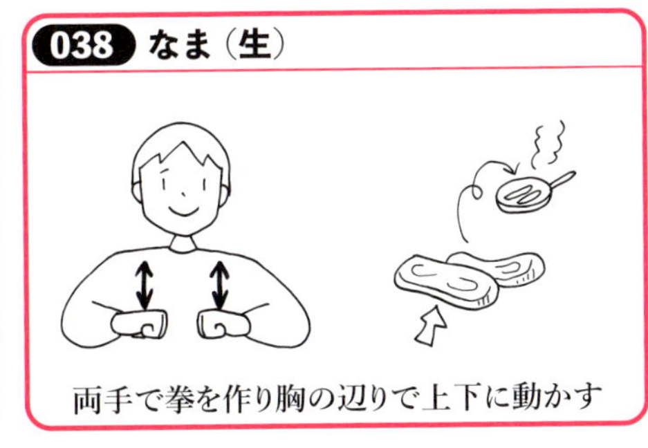

両手で拳を作り胸の辺りで上下に動かす

039 にく（肉）

A手の甲をつまむ　B骨付き肉をかじる

040 のり（海苔）

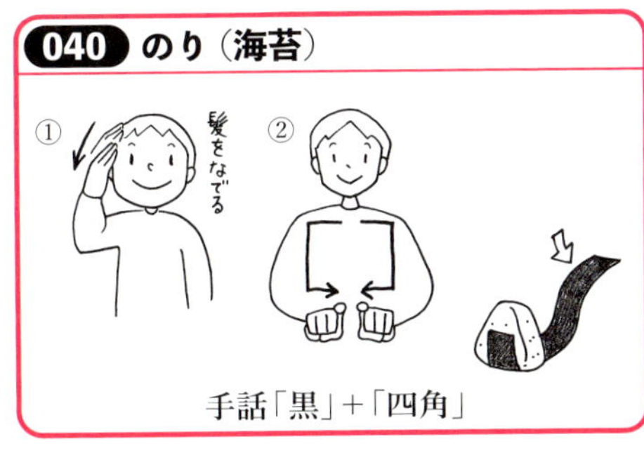

手話「黒」＋「四角」

041 バター

手の平に片手でバターを塗るしぐさ

042 パン

口元で閉じていた親指と人差し指を開く

043 ハンバーガー

ハンバーガーを両手で持って食べるしぐさ

044 ハンバーグ

ハンバーグの形を仕上げるしぐさ

045 ふりかけ

片手で茶わんをあらわし
そこに2回ほど振りかける

046 まめ（豆）

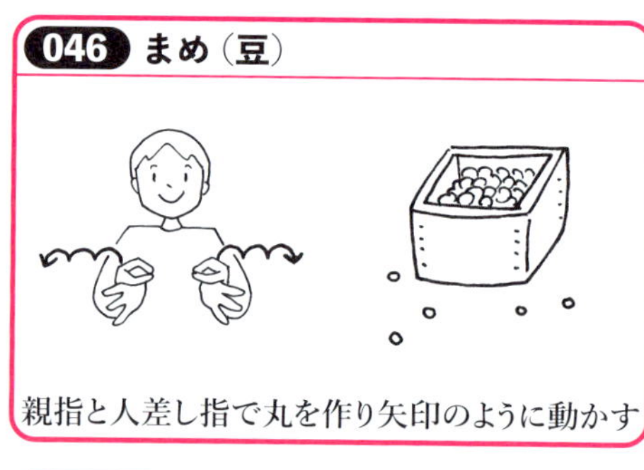

親指と人差し指で丸を作り矢印のように動かす

047 マヨネーズ

マヨネーズを持ってかけるしぐさ

048 みそしる（味噌汁）

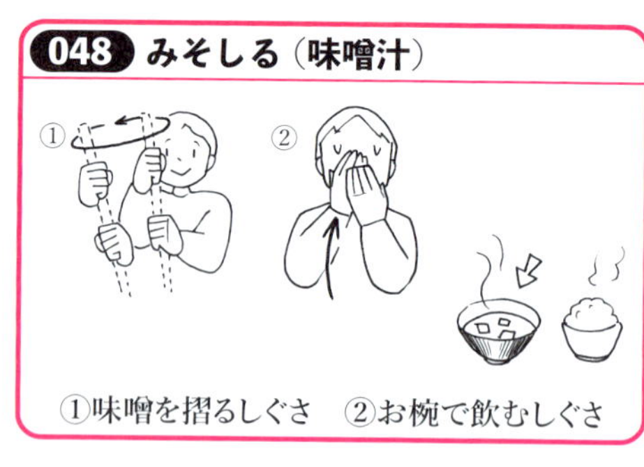

①味噌を擂るしぐさ　②お椀で飲むしぐさ

049 もち（餅）

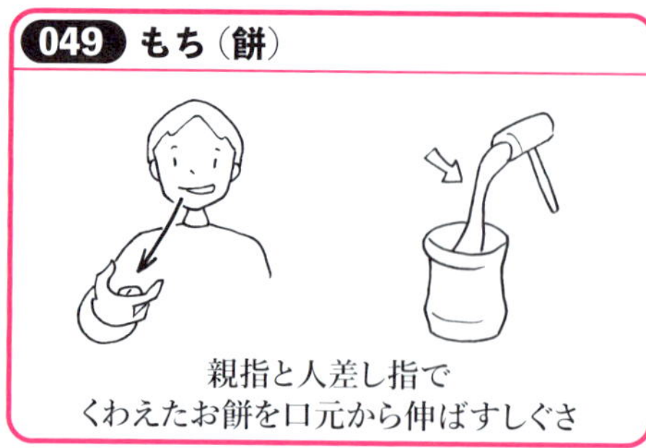

親指と人差し指で
くわえたお餅を口元から伸ばすしぐさ

050 ラーメン

指文字「ら」を口元に持っていき啜る

おやつや飲み物をあらわすことば

001 アイス

アイスの棒を片手で握り舐める動作

002 あめ（飴）

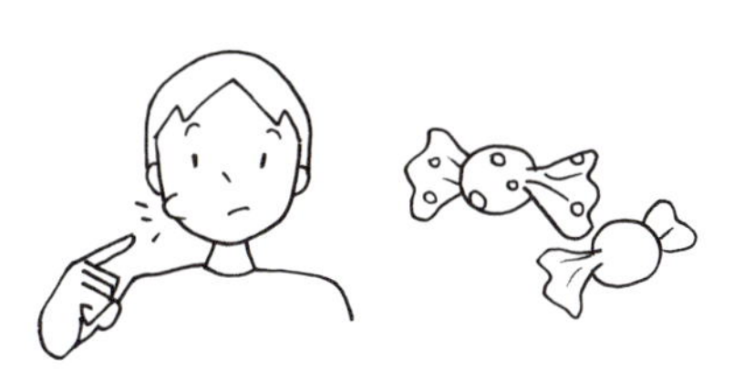

片頬を膨らませて人差し指でつつく

003 おさけ（お酒）

揃えた人差し指と中指で
あごとおでこを軽く叩く

004 おやつ・クッキー・ビスケット

親指と人差し指でクッキーの形を作り
食べる動作

005 ガム

ガムを噛むしぐさ

006 ケーキ

ケーキを縦横に切るしぐさ

007 こうちゃ（紅茶）

ティーバックをつまんで上下に軽く動かす動作

名詞（ものごとのなまえをあらわすことば）

008 コーヒー

片手をカップに、片方の人差し指を
スプーンに見立ててかき回す動作

009 じどうはんばいき（自動販売機）

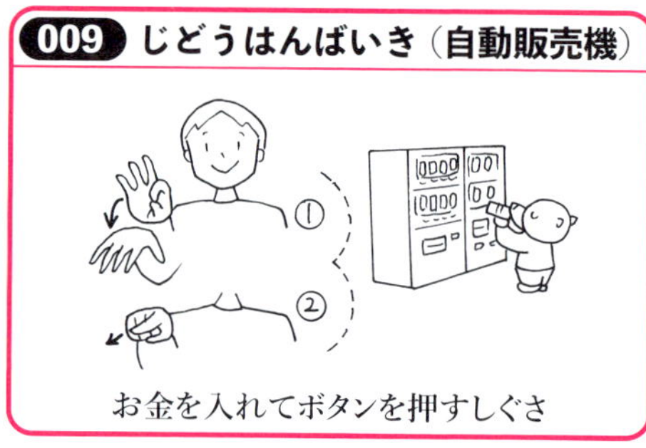

お金を入れてボタンを押すしぐさ

010 ジュース

手話「J」＋「飲む」

011 ゼリー・ババロア

お皿に見立てた手の平に
プリンの形の片手を乗せ少し揺らす

012 せんべい（煎餅）

親指と人差し指でおせんべいの形を作り
割るしぐさ

013 ソフトクリーム

人差し指をくるくると下から上に巻いていく

014 チョコレート

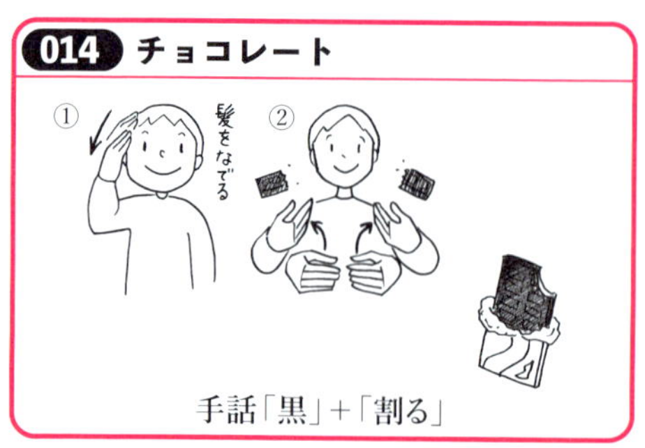

手話「黒」＋「割る」

015 デザート

手話「甘い」＋「食べる」

016 のみもの（飲み物）

手話「飲む」＋「いろいろ」

017 はちみつ（蜂蜜）

手話「蜂」＋「甘い」

018 ビール

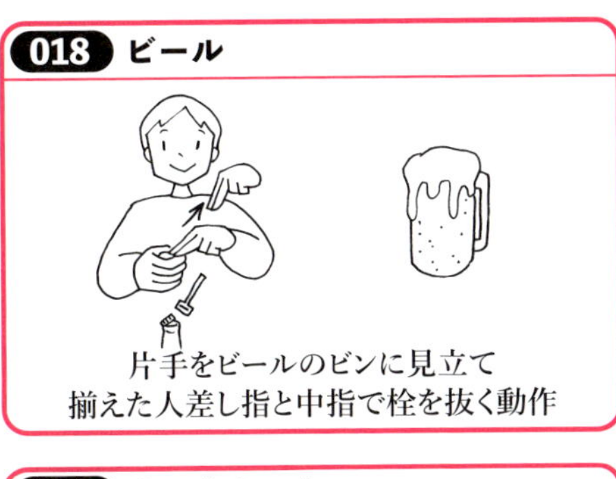

片手をビールのビンに見立て
揃えた人差し指と中指で栓を抜く動作

019 プリン

①プリンの容器の突起を取る動作
②お皿にプリンを開ける動作

020 ホットケーキ

親指と人差し指で形をあらわす

021 ミルク

親指を口につける

022 ヨーグルト

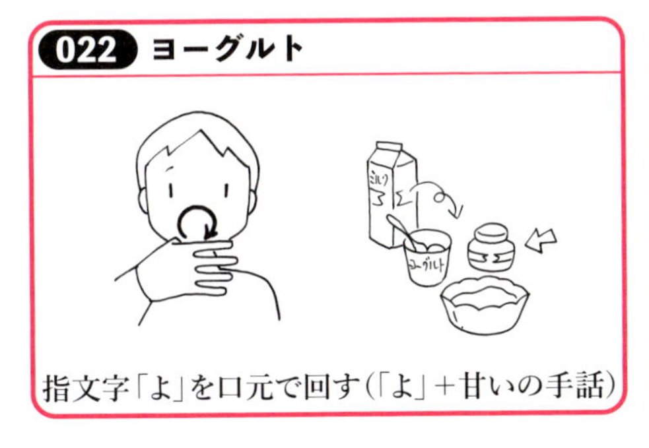

指文字「よ」を口元で回す（「よ」＋甘いの手話）

⑮ 野菜や果物をあらわすことば

001 いちご（苺）

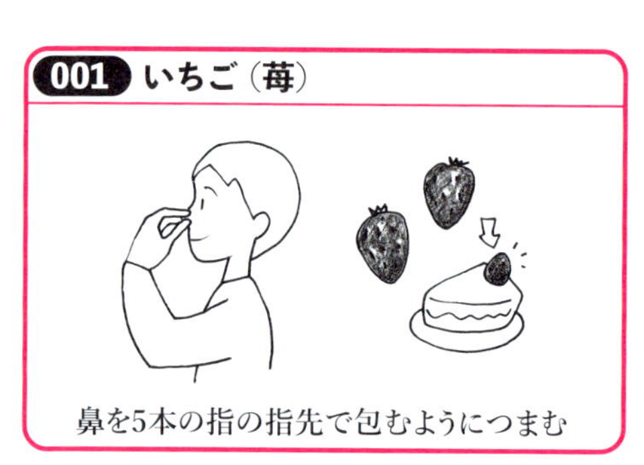

鼻を5本の指の指先で包むようにつまむ

002 オレンジ

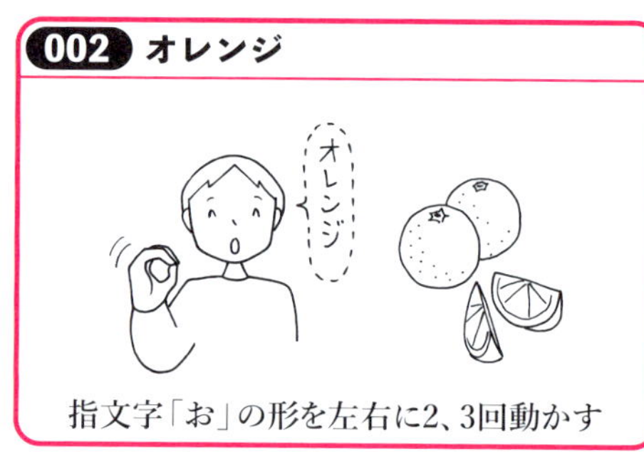

指文字「お」の形を左右に2、3回動かす

003 かぼちゃ（南瓜）

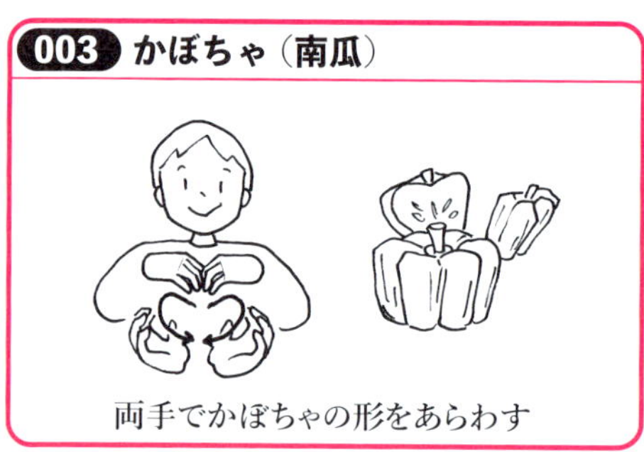

両手でかぼちゃの形をあらわす

004 きのこ（茸）

片手をきのこの傘に見立てて
他方の親指につける

005 キャベツ

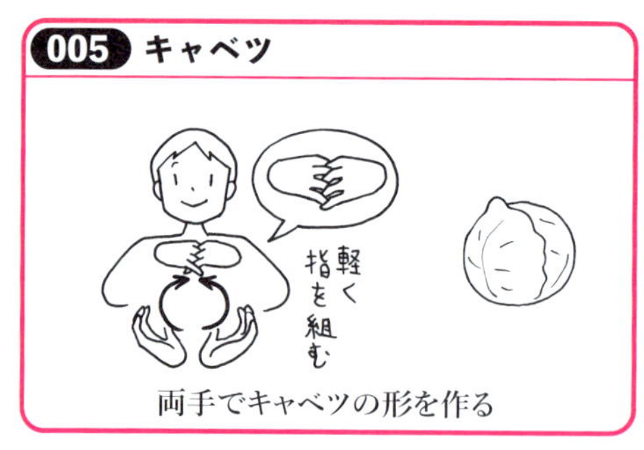

両手でキャベツの形を作る

006 くだもの（果物）

両手で木に実った果物をあらわすように
上に向けた両手を動かす

007 くり（栗）

あごを拳で2回こする

008 さくらんぼ

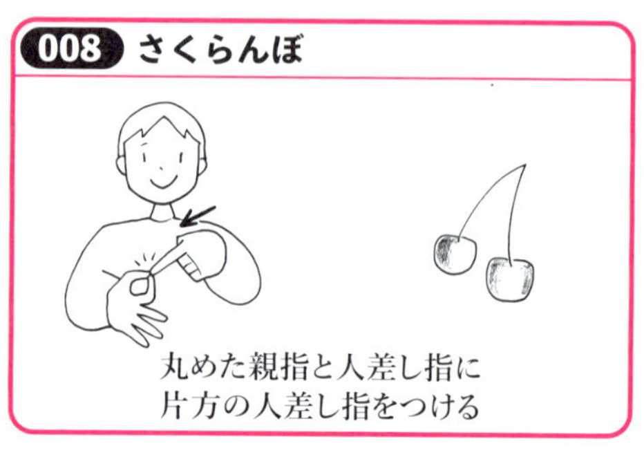

丸めた親指と人差し指に
片方の人差し指をつける

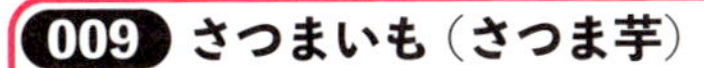

009 さつまいも（さつま芋）

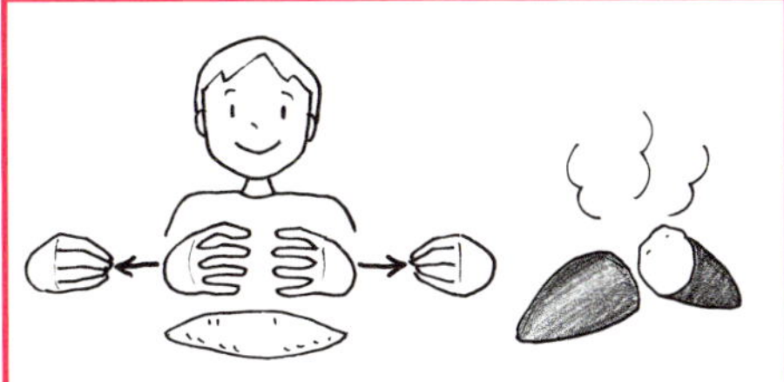

手をすぼめながらサツマイモの形を作る

010 じゃがいも（じゃが芋）

手の甲を外側からつつく

011 すいか（西瓜）

スイカを食べるしぐさ

012 だいこん（大根）

大根の形を手でなぞる

013 たまねぎ（玉葱）

人差し指を目の下につけて
ほかの指をひらひらさせる

014 とうもろこし

とうもろこしを両手で持って
前に回しながら齧るしぐさ

015 トマト

指文字「と」を口元で回す

016 なし（梨）

なしの実から芯が出ているイメージ

017 なす（茄子）

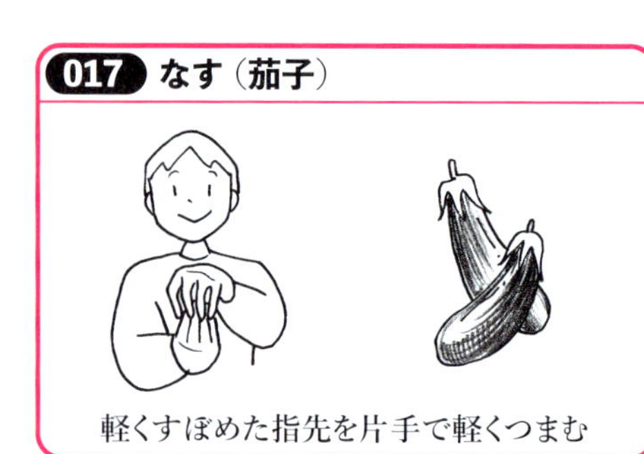

軽くすぼめた指先を片手で軽くつまむ

018 にんじん（人参）

①手話「赤」
②片手でにんじんの形をなぞる

019 ねぎ（葱）

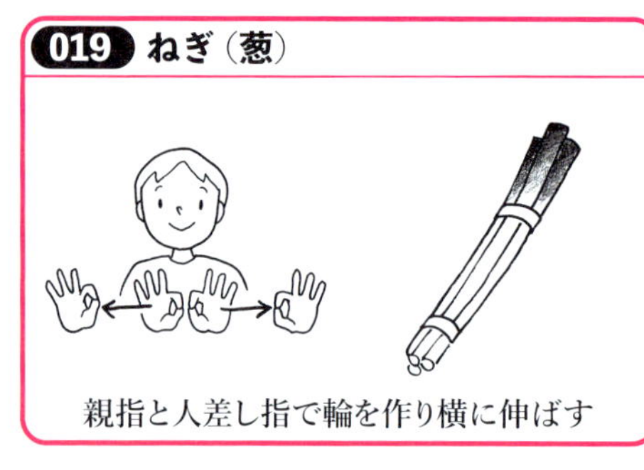

親指と人差し指で輪を作り横に伸ばす

020 パイナップル

頭のてっぺんで片手を握る

021 はくさい（白菜）

両手で少し長めに形をなぞる

022 バナナ

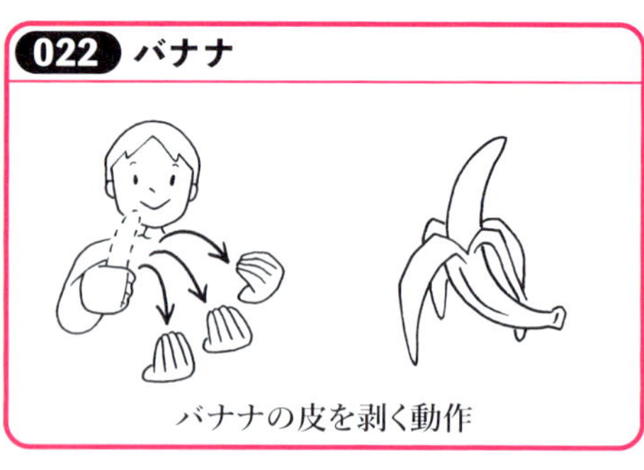

バナナの皮を剥く動作

023 ピーマン

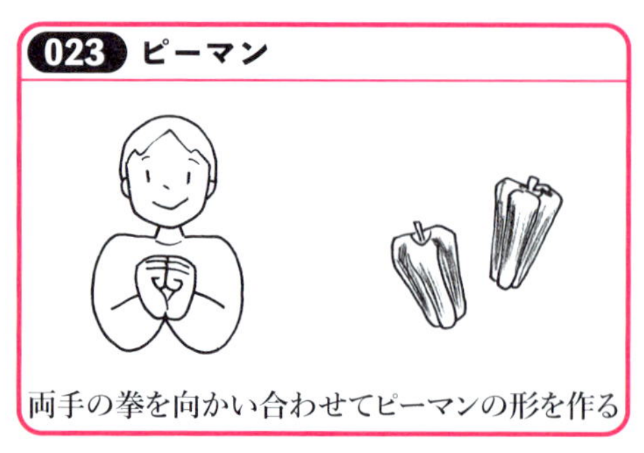

両手の拳を向かい合わせてピーマンの形を作る

024 ぶどう

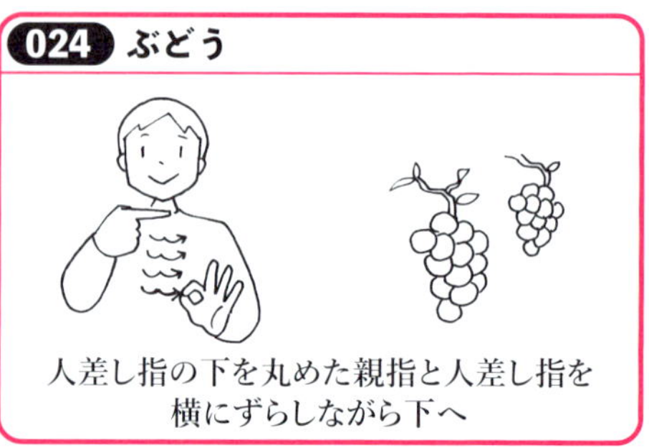

人差し指の下を丸めた親指と人差し指を
横にずらしながら下へ

025 ブロッコリー

両手でブロッコリーの形を作る

026 ほうれんそう

手で持って片手で絞る動作

027 みかん（蜜柑）

拳をみかんに見立て片方の手で皮を剥くしぐさ

028 メロン

①

②

①両手を交差させて網目を作る
②両手でメロンの形をあらわす

029 もも（桃）

両手を合わせて膨らませ左右に動かす

030 やさい（野菜）

両手で野菜をイメージした形をつくる

031 りんご

A

B
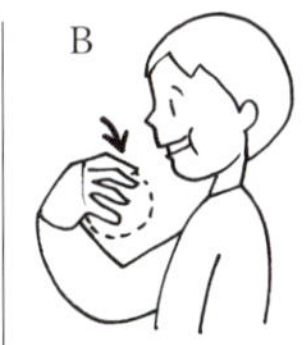

Aナイフで皮を剥くしぐさ
Bりんごを齧るしぐさ

032 レタス

片手を軸にして他方の手を葉に見立てて
1枚ずつ広げる

033 レモン

親指と人差し指でレモンの形をなぞる

⑯ 台所用品や食器類をあらわすことば

001 あみ（網）

両手を重ねて斜め後ろに引く

002 あわだてき（泡立て器）

泡立て器を片手で持って泡立てる

003 おたま（お玉）

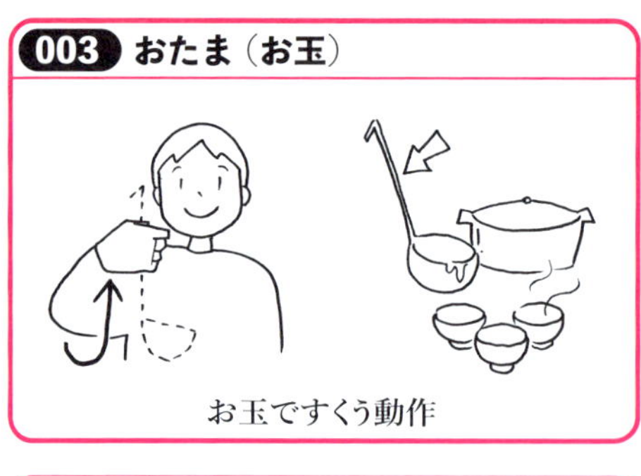

お玉ですくう動作

004 おゆ（お湯）

指文字「ゆ」を示す

005 おわん（お椀）

両手でお椀の形をあらわす

006 ガス

①片手でつまみをひねる動作
②他方の手で火がつく様子を示す

007 かん（缶）

缶の蓋を開ける動作

008 かんきり（缶切り）

缶切りで蓋を切る動作

009 かんづめ（缶詰）

缶の蓋を切るしぐさ

010 キャップ

ボトルの蓋を開ける動作

011 きゅうす（急須）

急須を持って片手で蓋を押さえて注ぐ

012 コップ

コップを持って飲むしぐさ

013 ごはんちゃわん（ご飯茶碗）

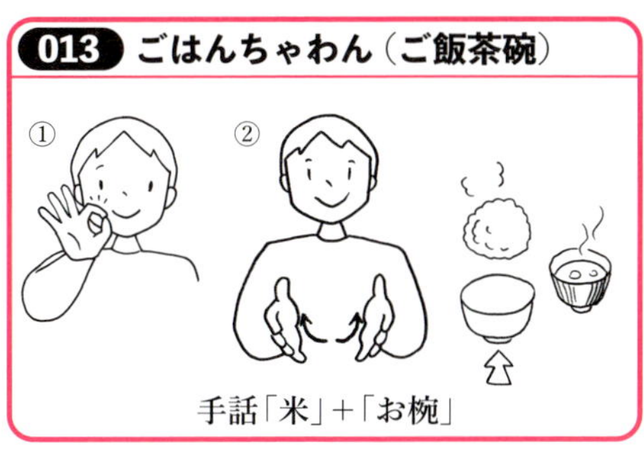

手話「米」＋「お椀」

014 さら（皿）

両手でお皿の形を示す

015 ざる（笊）

両手を交差させてざるの目をあらわす

016 しゃもじ（杓文字）

杓文字でご飯をよそうしぐさ

017 すいとう（水筒）

水筒の蓋を開けてコップに注ぐしぐさ

018 すいどう（水道）

蛇口をひねるしぐさ

019 すいはんき（炊飯器）・でんきがま（電気釜）

炊飯ジャーの蓋を開けるしぐさ

020 ストロー

片手は口元に他方の手でストローの形をなぞる

021 スプーン

スプーンですくう動作

022 せんざい（洗剤）

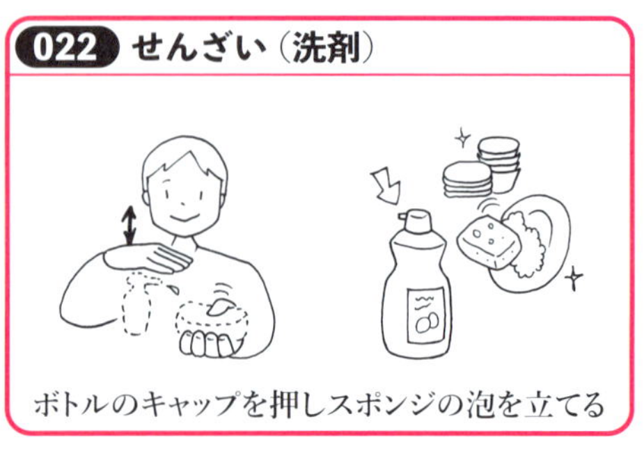

ボトルのキャップを押しスポンジの泡を立てる

023 たわし

片手でこするしぐさ

024 でんしレンジ（電子レンジ）

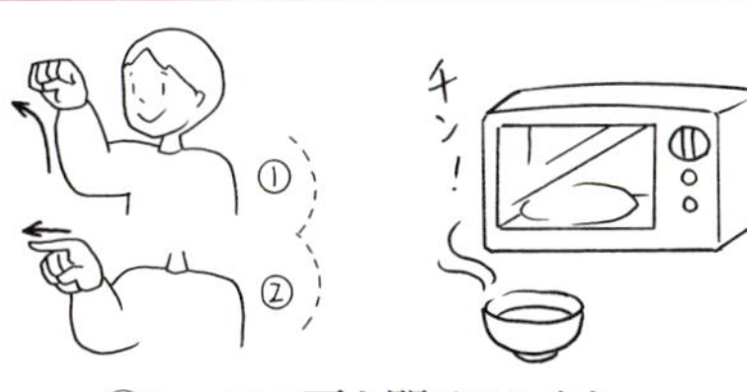

①レンジの扉を開けるしぐさ
②スイッチを押す

025 トースター

両手をパンに見立てて上にあげる

026 ナイフ

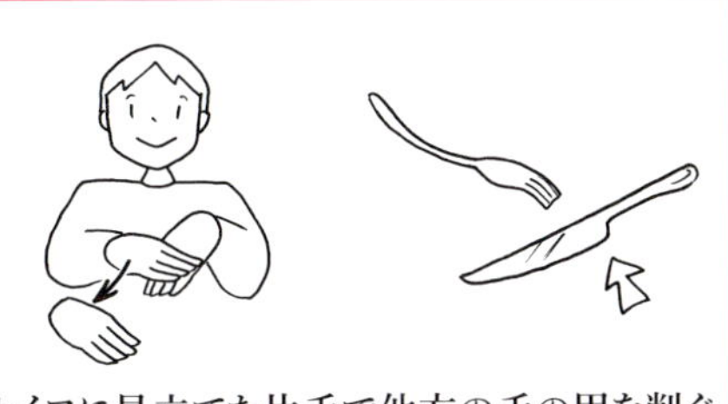

ナイフに見立てた片手で他方の手の甲を削ぐ

027 なべ（鍋）

①鍋の形を両手であらわす
②持ち手を握るしぐさ

028 はかり（秤）

手の平に人差し指を立てた片手を乗せ
人差し指を左右に動かす

029 はし（箸）

2本の指を箸に見立てて動かす

030 びん（瓶）

ギュ

両手で下からビンの形をなぞる

名詞（ものごとのなまえをあらわすことば）

031 フォーク

人差し指、中指、薬指でフォークの先をあらわす

032 フライパン・いためる（炒める）

フライパンを持って炒めるしぐさ

033 ペットボトル

両手でペットボトルを持ち潰すしぐさ

034 ほうちょう（包丁）

手刀で切るしぐさを数回行う

035 ボール

両手でボールの形をあらわす

036 ポット

ポットの上部を片手で押し
もう一方の手でお湯を受ける

037 まないた

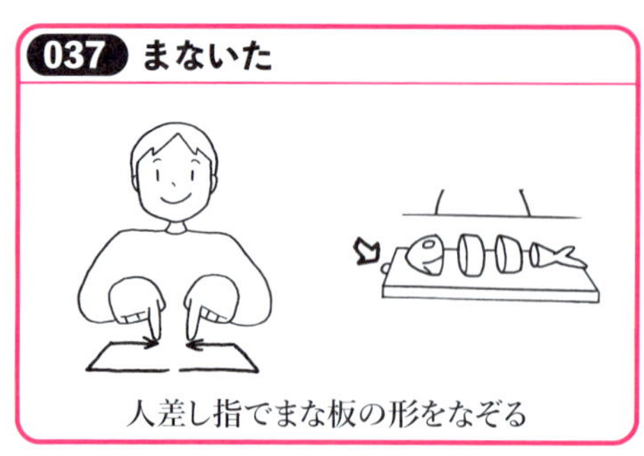

人差し指でまな板の形をなぞる

038 やかん

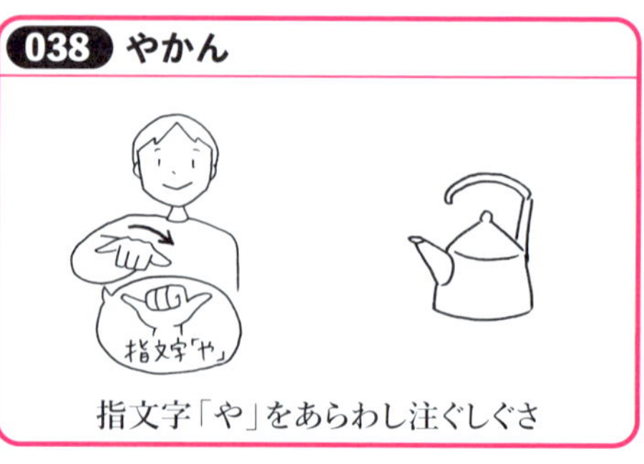

指文字「や」をあらわし注ぐしぐさ

服飾品や裁縫道具をあらわすことば

001 いと（糸）

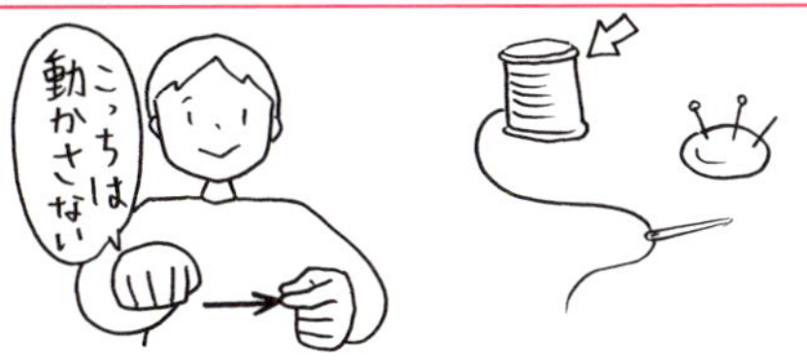

片手をグーにして、そこからもう一方の手の人差し指と親指で糸をつまんで横に引っ張り出す

002 いるい（衣類）・ようふく（洋服）

両手で衣類をつまむ

003 エプロン・まえかけ（前掛け）

両手を首から回して後ろで紐を結ぶ

004 おむつ

両手でオムツをあてるしぐさ

005 かさ（傘）

傘の柄を両手で持って開く動作

006 カッパ

手話「雨」＋「服」

007 きもの（着物）・わふく（和服）

両手で着物の衿を合わせるしぐさ

008 くつ（靴）

靴べらを使うしぐさ

009 くつした（靴下）・ソックス

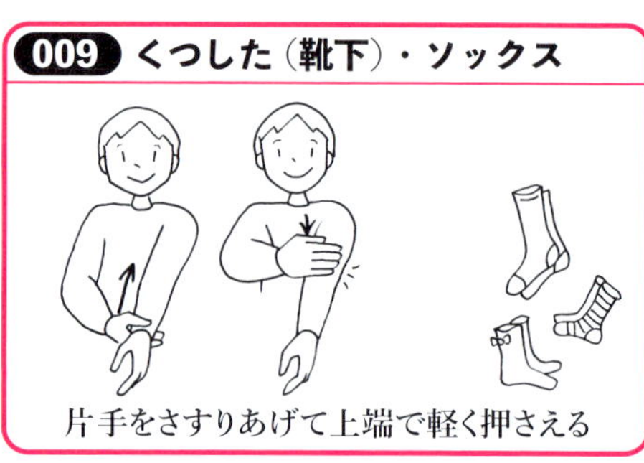

片手をさすりあげて上端で軽く押さえる

010 ゴム

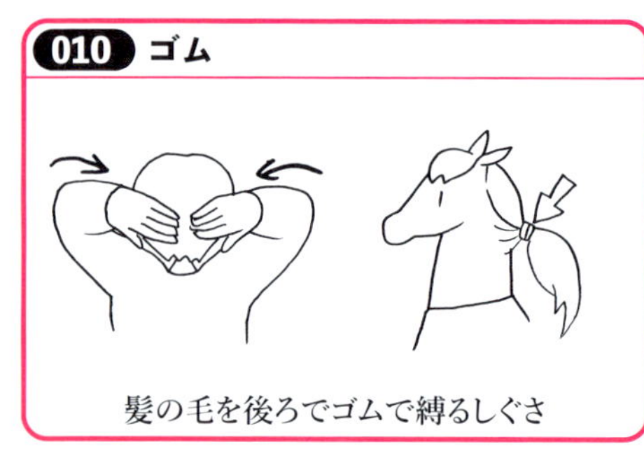

髪の毛を後ろでゴムで縛るしぐさ

011 コンタクト

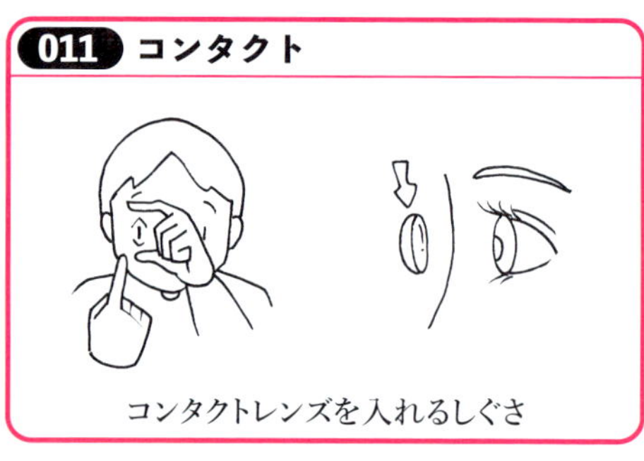

コンタクトレンズを入れるしぐさ

012 したぎ（下着）

服の衿をつまみ服の内側を指し示す

013 シャツ

半袖を片手であらわす

014 ジャンパー・うわぎ

ファスナーを下からあげるしぐさ

015 スカート

スカートのラインを示す

016 ズボン

手の形を図のようにして
ズボンに沿うように下におろす

017 スリッパ

少し丸めた片手をスリッパに見立て
他方の手で履くしぐさ

018 セーター

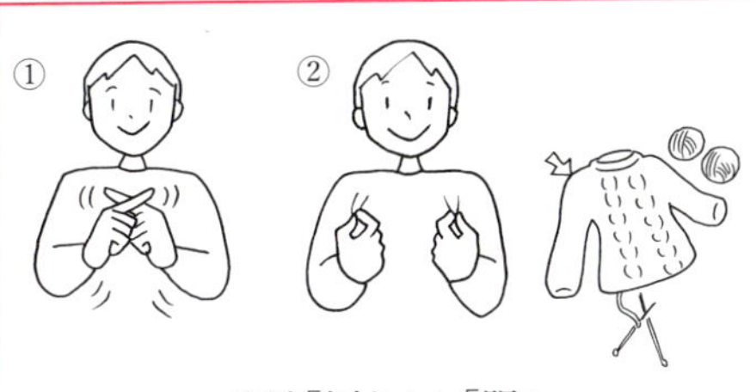

手話「編む」+「服」

019 てぶくろ（手袋）

手袋をはめるしぐさ

020 ドレス

①手話で「おしゃれ」を示し
②スカートのラインを示す

021 ながぐつ（長靴）・ブーツ

長靴を履くしぐさ

022 ネクタイ

ネクタイを締めるときのしぐさ

023 ネックレス

①両手の人差し指で首の周りをなぞる
②片手で玉が揺れているしぐさ

024 パジャマ

手話「寝る」＋「服」

025 はり（針）

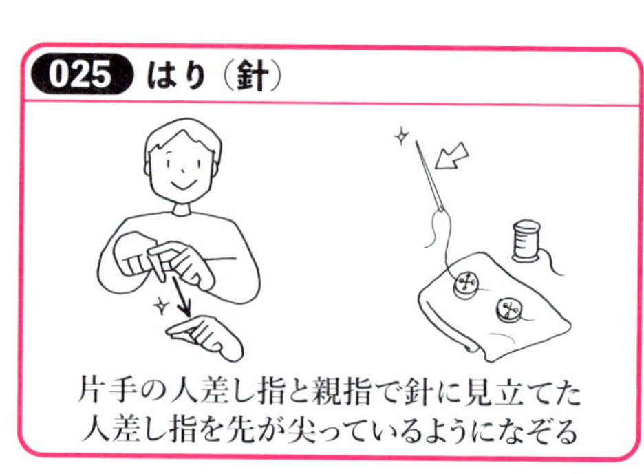

片手の人差し指と親指で針に見立てた
人差し指を先が尖っているようになぞる

026 ハンカチ

ハンカチをたたむしぐさ

027 パンツ

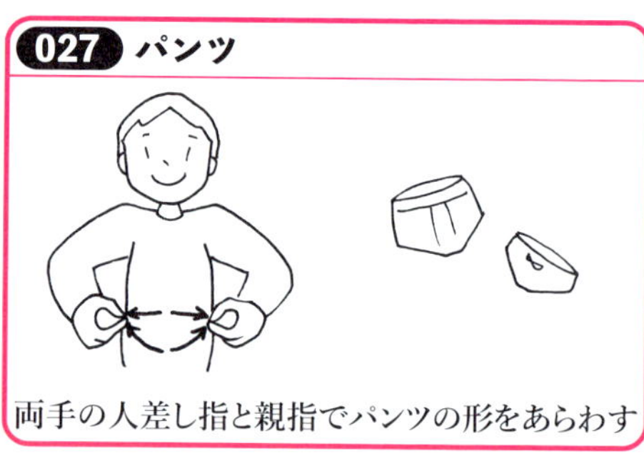

両手の人差し指と親指でパンツの形をあらわす

028 ピン

親指と人差し指で髪にピンをとめるしぐさ

029 ファスナー・チャック

ファスナーのあるところで引く動作をする

030 ブローチ

胸にブローチがついている様子

031 ぼうし（帽子）

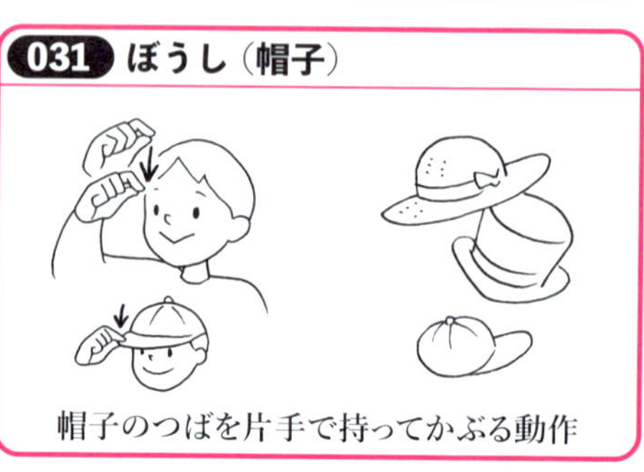

帽子のつばを片手で持ってかぶる動作

032 ポケット

左右のポケットに両手を入れるしぐさ

033 ボタン

親指と中指で丸を作り
前立てにボタンが並んでいるのをあらわす

034 マフラー・えりまき

マフラーを巻くしぐさ

035 めがね（眼鏡）

両手で眼鏡をかけている様子をあらわす

036 ゆびわ（指輪）

指輪をはめるしぐさ

037 リボン

髪にリボンを結ぶしぐさ

038 ワッペン

片手で胸のワッペンを示すしぐさ

⑱ 化粧品・風呂・洗面道具・家具類をあらわすことば

001 いす（椅子）・すわる（座る）

2本の指を椅子
他方を足に見立てて座るイメージ

002 おけ（桶）

身体に桶でお湯をかけるしぐさ

003 おしいれ（押し入れ）

①戸を開ける動作
②棚から物をおろすしぐさ

004 カーテン

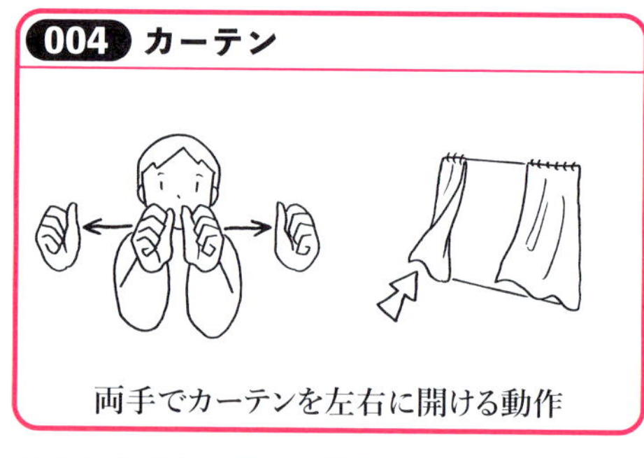

両手でカーテンを左右に開ける動作

005 かがみ（鏡）

手の平を鏡に見立てる

006 かべ（壁）

手の平を外側に向け壁を上から下へ触るしぐさ

007 くし（櫛）

櫛を握って髪をとかすしぐさ

008 くちべに（口紅）

口紅を塗るしぐさ

009 くつばこ（靴箱）・げたばこ（下駄箱）

靴を靴箱に入れるしぐさ

010 シャンプー

両手で頭を洗うしぐさ

011 スポンジ

スポンジを握って泡立てるしぐさ

012 せっけん（石鹸）

①石鹸の形をあらわす　②片手で腕を洗う

013 せんめんき（洗面器）

①「顔を洗う」手話　②洗面器の形をあらわす

014 せんめんだい（洗面台）

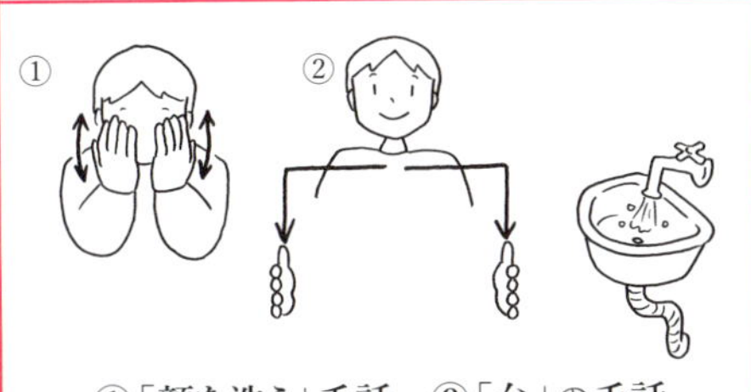

①「顔を洗う」手話　②「台」の手話

015 タオル

①タオルで顔を拭く
②タオルの形を人差し指でなぞる

016 たたみ（畳）

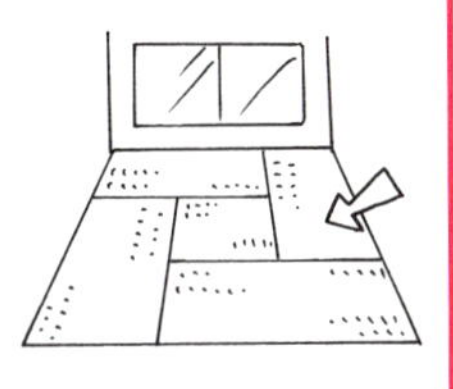

畳屋さんが畳の糸を締めるしぐさ

017 たな（棚）

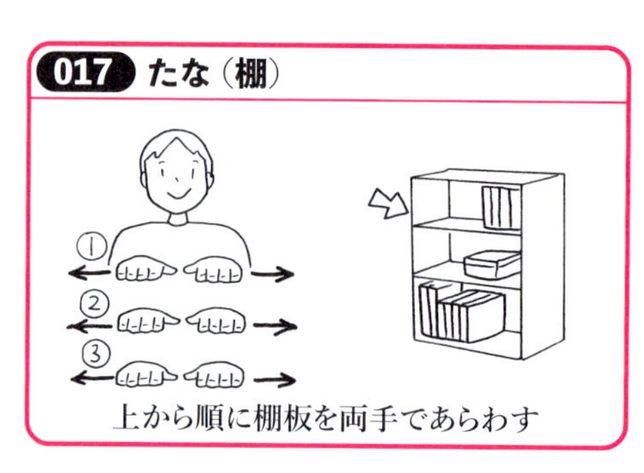

上から順に棚板を両手であらわす

018 たんす（箪笥）

片手で上から順に引き出しを引くしぐさ

019 つくえ（机）・テーブル

両手でテーブルの形を上からなぞる

020 つめきり（爪切り）

握った爪切りで爪を切るしぐさ

021 ティッシュペーパー

箱から2回ティッシュを抜き出すしぐさ

022 トイレットペーパー

ペーパーをつまんだ手でクルクル紙を巻き取る

023 ドライヤー

指文字「し」をドライヤーに見立てて頭にかざす

024 バスタオル

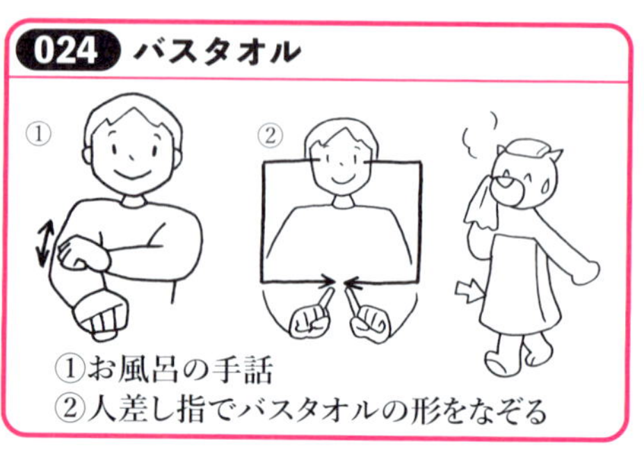

①お風呂の手話
②人差し指でバスタオルの形をなぞる

025 バスマット

①お風呂の手話
②人差し指で下にあるマットの形をなぞる

026 はぶらし（歯ブラシ）

片手に持った歯ブラシに練り歯磨きをつける

027 ふとん（布団）

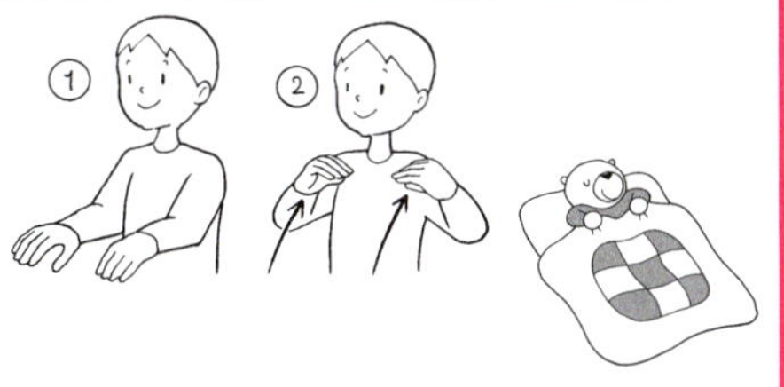

布団を首まで引き寄せるしぐさ

028 ヘアブラシ

手で2回髪の毛をとかすしぐさ

029 ベッド

手の平の上に人が寝ているイメージ

030 ポケットティッシュ

手話「ポケット」＋「取り出す」

031 まどガラス（窓ガラス）

立てた人差し指と中指を
目の横で交互に動かす

032 みみかき（耳かき）

人差し指で耳をかく動作

033 めんぼう（綿棒）

めん棒で耳をかく動作

034 ようふくブラシ（洋服ブラシ）

自分の袖に2回ブラシをかけるしぐさ

電気製品・清掃用具・その他のことば

001 アイロン

アイロンの取っ手を持つようにして左右に動かす

002 アルバム

①カメラを構えて撮る動作　②本の手話

003 かぎ（鍵）

鍵を鍵穴に刺し込んで回す動作

004 かばん（鞄）

鞄を片手で持つしぐさ

005 かみぶくろ（紙袋）

①紙（鼻をかむ仕草）の手話
②両手で袋の両端を持って回す動作

006 ガムテープ

片手でガムテープを持ち伸ばしたテープを張る

007 カメラ

人差し指でシャッターを押すしぐさ

008 ガラス

指文字「に」を目の前で開く

009 けいこうとう（蛍光灯）

①細長い蛍光灯の形を両手であらわす
②下向きに両手をつぼめてパッと開く

010 けいたいでんわ（携帯電話）

人差し指をアンテナに見立てて耳元につける

011 こたつ（炬燵）

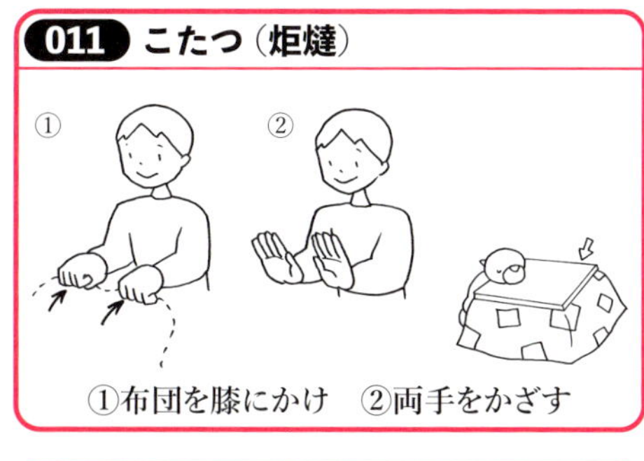

①布団を膝にかけ　②両手をかざす

012 ごみばこ（ゴミ箱）

①ごみを捨てる動作
②両手の人差し指と親指で入れ物の口をあらわす

013 ざぶとん（座布団）

①中指と人差し指を曲げて手の平に置く
②両手の人差し指で前方から四角を描く

名詞（ものごとのなまえをあらわすことば）

014 CD

①歌の手話
②人差し指と親指でCDの丸い形を作る

015 じゅうたん（絨毯）

手の平で前方から手前に広い長方形を描く

016 しんぶん（新聞）

手の甲に片手のひじを乗せ
その手の拳を回す

017 スイッチ

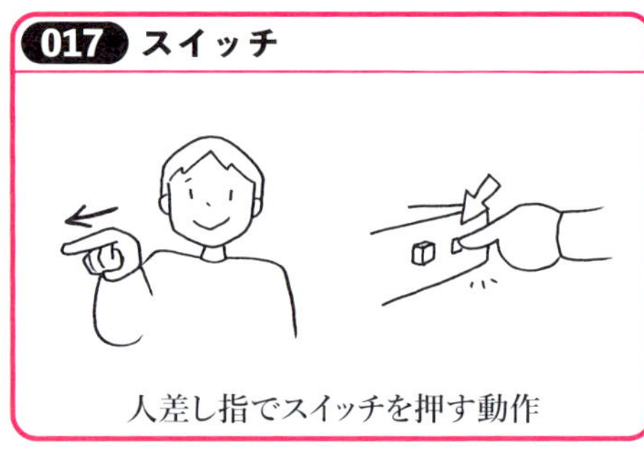

人差し指でスイッチを押す動作

018 スマホ（スマートフォン）

スマホを人差し指でたぐっているしぐさ

019 せんたくき（洗濯機）

手で洗濯機の水が回る様子をあらわす

020 せんぷうき（扇風機）

①人差し指で丸を2回描く
②5本の指を少し曲げて顔に向けて左右に動かす

021 ぞうきん（雑巾）

両手を使って雑巾で拭くしぐさ

022 そうじき（掃除機）

両手で掃除機のホースを持って
掃除機を動かすしぐさ

023 たばこ（煙草）

人差し指と中指でタバコを挟んで吸う

024 だんぼう（暖房）

①「暖かい」の手話　②両手をかざす

025 ちりとり（塵取り）

ちりとりを持って
ほうきでごみをそこへ掃き込むしぐさ

026 DVD

①手話「テレビ」
②DVDの丸い形をあらわす

027 テレビ

①両手で「く」の指文字を作り、顔の前でそれを上下に動かす　②リモコン操作をあらわす

028 でんち（電池）

親指と人差し指を数回上下に動かす

029 でんわ（電話）

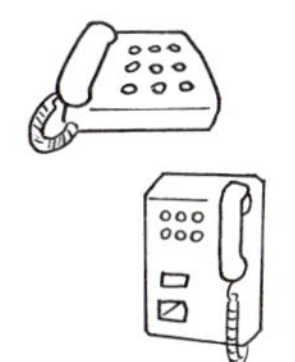

指文字の「へ」を作り耳元にあてる

030 どうぐ（道具）

4本の指を横にして内側に向け、
指文字「な」を上から2、3回内側に入れる

031 バケツ

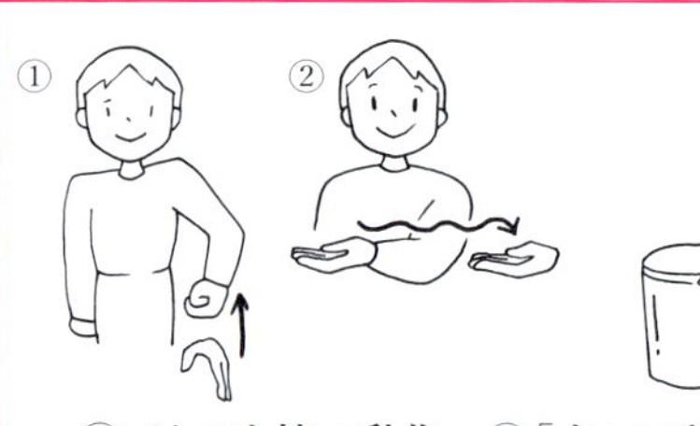

①バケツを持つ動作　②「水」の手話

032 パソコン

①片手で「パ」の指文字をし、
②ほかの手でキーボードを叩く

033 ビデオ

①両手人差し指でテープの巻きをあらわす
②人差し指と親指でテープの形をあらわす

034 ひも（紐）

両手で紐を結ぶしぐさ

035 ファクス

片手で電話をあらわし
もう一方の手を紙を送るように前に出す

036 ほうき（箒）

ほうきを両手で持って掃くしぐさ

037 れいぼう（冷房）

①「寒い」の手話
②上から風が来る様子を両手であらわす

038 わゴム（輪ゴム）

輪ゴムを物に巻きつけるしぐさ

⑳ 数字をあらわす手話

001 0

「0」の形をあらわす

002 1

人差し指で「1」をあらわす

003 2

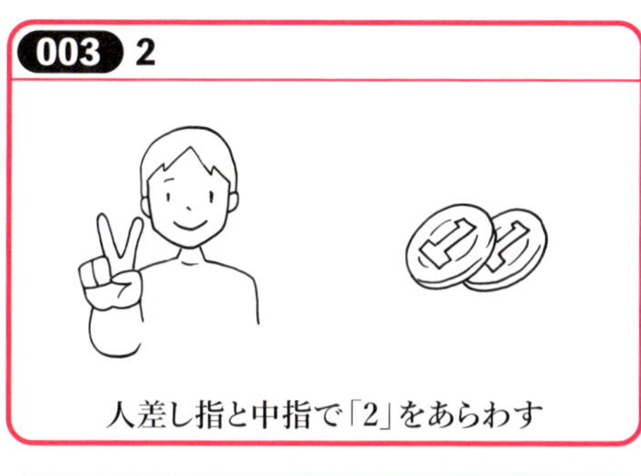

人差し指と中指で「2」をあらわす

004 3

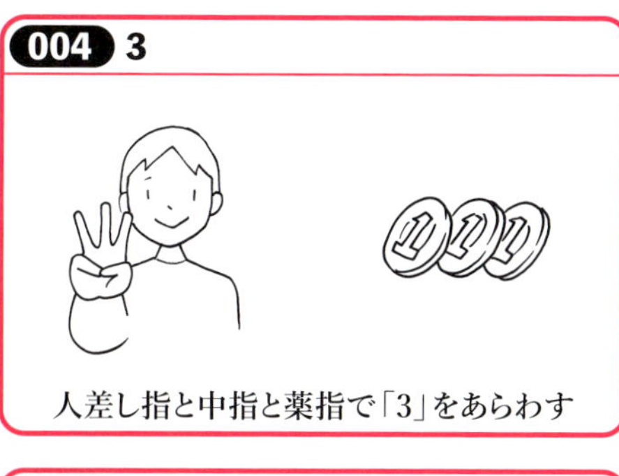

人差し指と中指と薬指で「3」をあらわす

005 4

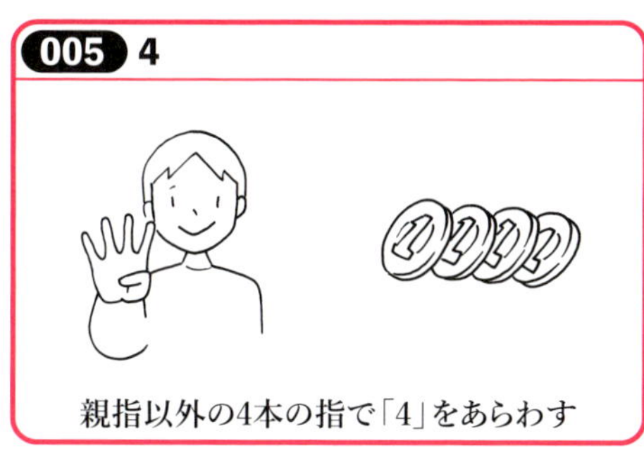

親指以外の4本の指で「4」をあらわす

006 5

親指を寝かせて「5」をあらわす

007 6

数字「5」と数字「1」で「6」をあらわす

008 7

数字「5」と数字「2」で「7」をあらわす

009 8

数字「5」と数字「3」で「8」をあらわす

010 9

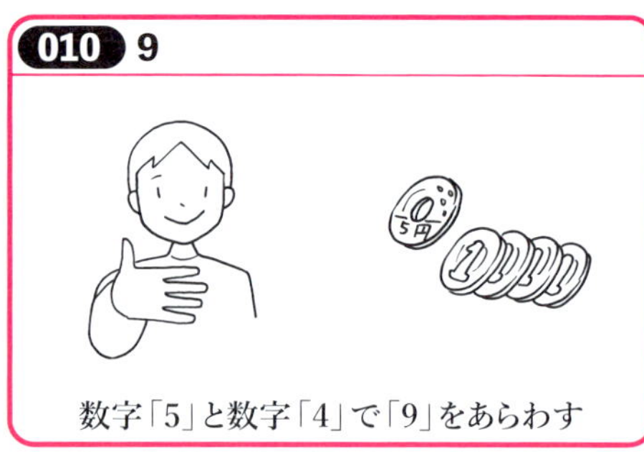

数字「5」と数字「4」で「9」をあらわす

011 10

人差し指を曲げる

012 20

中指と人差し指を曲げる

013 50

親指を曲げる

014 100

数字「1」を倒しておいて跳ね上げる

015 500

数字「5」を倒しておいて跳ね上げる

016 1,000（千）

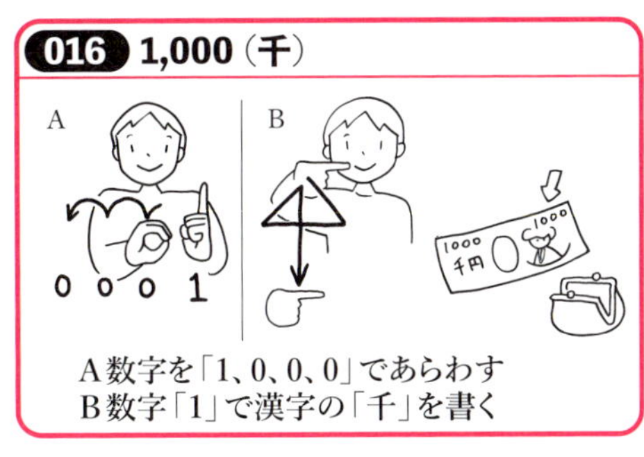

A数字を「1、0、0、0」であらわす
B数字「1」で漢字の「千」を書く

017 10,000（万）

親指にほかの4本の指をつける

◉索引

〔あ行〕
あいこ …… 104
あいさつ …… 93
アイス …… 139
アイロン …… 160
あう（会う） …… 14
あう（合う） …… 14
あお …… 75
あか …… 75
あかちゃん …… 86
あかり …… 39
（あめが）あがる …… 14
（エレベーターが）あがる …… 14
（おんどが）あがる …… 14
（かいだんを）あがる …… 37
（2階に）あがる …… 14
あかるい …… 39、48
あき …… 54、70
あけましておめでとう …… 93
（ドアを）あける …… 14
（ものを）あげる …… 15、18
あさ …… 18、70
あさい …… 48
あさがお …… 119
あじ …… 132
あした …… 70
あそこ …… 76
あそび …… 15
あそぶ …… 15
あたたかい …… 48、74
あたらしい …… 48
あたりまえ …… 58
あつい（熱い） …… 48
あつい（暑い） …… 48、73
（人が）あつまる …… 15
（ものを）あつめる …… 15
あと …… 63
あぶない …… 48
あまい …… 48、135
あまる …… 37
（虫捕り）あみ …… 104
（魚焼き）あみ …… 146
あめ（雨） …… 119
あめ（飴） …… 139
あやしい …… 49
あやまる（誤る） …… 42
あやまる（謝る） …… 94
あらう …… 15
あらし …… 119
あらそう …… 30

あらためて …… 64
ありがとう …… 93
ある …… 15
あるく …… 15
アルバム …… 160
あわだてき …… 146
あわてる …… 15
あわてんぼ …… 15
いい …… 49
いう …… 16、39
いえ …… 80
いか …… 125
いきもの …… 125
いく …… 16
いくつ …… 22
いけ …… 119
いし …… 120
いじめ …… 90
いじわる …… 90
いす …… 156
いそがしい …… 49
いそぐ …… 57
いたい …… 49
いたずら …… 104
いただきます …… 132
いためる …… 150
いちご …… 142
いつ …… 70
いっしょ …… 63
いっしょうけんめい …… 63
いつも …… 63
いと …… 151
いぬ …… 125
いま(今) …… 71
いま(居間) …… 85
いもうと …… 86
いや …… 52
いらない …… 16
いる(居る) …… 16
いる(要る) …… 16
いるい …… 151
いれる …… 16
いろ …… 76
いろいろ …… 63
いろえんぴつ …… 97
いわう …… 16
インフルエンザ …… 90
うえ …… 76
うえる …… 16
うけとる …… 45

うごく……17
うさぎ……126
うし……126
うしろ……76
(厚さが)うすい……49
(色が)うすい……49
うそ……90
うた……17
うたう……17
(ボールを)うつ……17
(くぎを)うつ……17
うつくしい……52
(かがみに)うつる……17
うどん……133
うばぐるま……117
うま……126
うまい(美味い)……50
うまい(上手い)……54
うまれる……17
うみ……120
うむ……17
うる……17
うるさい……49
うれしい……49、56
うわぎ……152
うんち……90
うんてん……113
うんてんしゅさん……86
うんどうかい……97
え……108
えいが……108
えカード……97
えき……114
えきいんさん……86
エスカレーター……114
えだ……120
えにっき……97
えのぐ……108
えび……126
エプロン……151
えほん……108
えらい……50
えらぶ……17
えりまき……155
エレクトーン……108
エレベーター……114
えん……70
えんそく……97
えんぴつ……98
おいかけっこ……104

おいかける……18
おいしい……50
おいしゃさん……86
おいわい……94
おう……18
おうさま……108
おうだんほどう……114
おうち……80
おおい……50
おおきい……50
オートバイ……117
おかあさん……86
おかしい(面白い)……46、50
おかしい(怪しい)……49
おかず……133
おかね……108
おかわり……133
おきゃくさま……94
おきる(起きる)……18
おきる(目が覚める)……27
おく……18
(てがみを)おくる……18
おくる(贈る)……18
おくれる……50
おけ……156
おこさまランチ……133
おこす……18
おこりんぼ……18
おこる……18、28
おさけ……139
おじいさん……87
おしいれ……156
おしえる……19
おじさん……87
おしっこ……90
おす……19
おそい……50、69
おそろしい……53
おたま……146
おたまじゃくし……126
おちば……120
おちゃ……133
おと……109
おとうさん……87
おとうと……87
おとこ……87
おとしだま……98
おとす……19
おとな……87
おどり……19

おどる …… 19
おどろく …… 19
おなじ …… 65
おに …… 98
おにいさん …… 87
おにぎり …… 133
おねえさん …… 87
おねがいする …… 31
おばあさん …… 88
おばさん …… 88
おはなし …… 94
おはよう …… 94
おひさま …… 122
おひなさま …… 98
おふろ …… 80
おべんとう …… 133
おぼえる …… 19
おまけに …… 63
おまわりさん …… 88
おむつ …… 151
おめでとう …… 16、94
おめん …… 109
おもい …… 50
おもたい …… 50
おもいだす …… 19
おもう …… 19
おもしろい …… 50
おもらし …… 90
おやすみ …… 98
おやすみなさい …… 94
おやつ …… 139
おゆ …… 146
およぐ …… 20
（かいだんを）おりる …… 20
（のりものを）おりる …… 20
（紙を）おる …… 20
（棒を）おる …… 26
おれる …… 20
オレンジ …… 78、142
オレンジいろ …… 77
おわり …… 20
おわりに …… 63、72
おわる …… 20
おわん …… 146
おんがく …… 17、109
おんな …… 88
おんぶ …… 109

〔か行〕

～か？ …… 63
か …… 126

カーテン 156
かい 126
がいこく 80
かいさつぐち 114
かいしゃ 80
かいじゅう 104
かいだん 80
かいもの 109
かいわ 94
かう（買う） 20
かう（飼う） 20
かえす（返す） 21
かえってくる 21
かえる（帰る） 21
かえる（蛙） 126
かがみ 156
かぎ 160
（えを）かく 21
（字を）かく 21
（においを）かぐ 21、29
かくす 21
かくれる 21
かくれんぼ 104
かけっこ 98
（かぎを）かける 29
かさ 151
かざり 22
かざる 22
かじ 120
かしこい 61
かす 22
かず 70
ガス 146
かぜ（風邪） 91
かぜ（風） 120
かぞえる 22
かぞく 88
かたい 50
かたち 76
かたづける 22
かたつむり 127
かだん 105
かち 22
かつ 22
がっこう 80
カッパ 151
かなしい 51
かなづち 17
かならず 64
かに 127

かば …… 127
かばん …… 160
かぶとむし …… 127
かぶる …… 22
かべ …… 156
かぼちゃ …… 142
がまんする …… 22
かみしばい …… 109
かみつく …… 22
かみなり …… 120
かみぶくろ …… 160
かむ …… 23
ガム …… 139
ガムテープ …… 161
かめ …… 127
カメラ …… 161
かゆい …… 51
かようび …… 70
〜から …… 64
から …… 71
からい …… 51、135
からす …… 127
ガラス …… 161
かりる …… 23
かるい …… 51
カレーライス …… 133
かわ …… 120
かわいい …… 51
かわいそう …… 51
かわく(乾く) …… 23
(のどが)かわく …… 23
かわる …… 23
かん …… 147
かんがえる …… 23
かんきり …… 147
かんごしさん …… 88
かんそう …… 94
かんたん …… 60
かんづく …… 24
かんづめ …… 147
がんばる …… 23
き …… 74、121
きいろ …… 76、131
(電気が)きえる …… 23
きえる(なくなる) …… 24、35
きがえ …… 24
きがえる …… 24
きがつく …… 24
きく …… 24
きけん …… 48

きこえる …… 24
きしゃ …… 114
きず …… 91
きたない …… 46、51
きって …… 109
きっぷ …… 114
きっぷうりば …… 114
きのう …… 71
きのこ …… 142
きのね …… 121
きば …… 127
きびしい …… 33、56
きみどり …… 76
きめる …… 24
きもちいい …… 51
きもちわるい …… 52
きもの …… 151
ぎゃく …… 58
キャップ …… 147
キャベツ …… 142
きゅう …… 65
きゅうきゅうしゃ …… 115
きゅうけい …… 98
きゅうこん …… 121
きゅうこんのね …… 121
きゅうしょく …… 134
きゅうす …… 147
ぎゅうにゅう …… 134
きょう …… 71
ぎょうじ …… 98
きょうしつ …… 80
きょうりゅう …… 127
きょねん …… 71
きらい …… 52
きりん …… 128
（はさみで）きる …… 24
（ほうちょうで）きる …… 24
きる（着る） …… 25
きれい …… 52
キレる …… 25
きをつける …… 32
きん …… 71
きんぎょ …… 128
ぎんこう …… 80
きんようび …… 71
くうき …… 121
くさ …… 121
くさい …… 52
くさる …… 25
くし …… 156

くじ …… 109
くしゃみ …… 91
くじら …… 128
くすぐったい …… 52
くすり …… 91
くすりや …… 81
〜ください …… 64
くだもの …… 142
くちべに …… 156
くつ …… 38、152
クッキー …… 139
くつした …… 152
くっつく …… 25
くつばこ …… 157
くばる …… 25
くま …… 128
くも（雲） …… 121
くも（蜘蛛） …… 128
くもり …… 121
くやしい …… 52
くらい …… 52
くらべる …… 25
くり …… 142
クリーニングや …… 81
くりかえす …… 25
クリスマス …… 99
くる …… 25
くるしい …… 52
くるま …… 115
クレヨン …… 110
くろ …… 76
グローブ …… 105
けいこ …… 99
けいこうとう …… 161
けいたいでんわ …… 161
ケーキ …… 139
ゲーム …… 110
けが …… 91
げき …… 99
けしき …… 123
けしごむ …… 99
けす …… 23
げたばこ …… 157
げつようび …… 71
げり …… 91
（ボールを）ける …… 26
けんか …… 91
げんかん …… 81
げんき …… 53
コアラ …… 128

こい ………… 53
こいのぼり ………… 99
こうえん ………… 81
こうたい ………… 23
こうちゃ ………… 139
こうちょうせんせい ………… 88
こえ ………… 94
コーヒー ………… 140
こくばん ………… 99
ごくろうさま ………… 55
こげ ………… 26
こげる ………… 26
ここ ………… 77
こたえ ………… 26
こたえる ………… 26
こたつ ………… 161
ごちそう ………… 134
ごちそうさま ………… 134
コップ ………… 147
～こと ………… 64
ことし ………… 71
こども ………… 88
こどもたち ………… 89
こどものひ ………… 99
ごはん ………… 134
ごはんちゃわん ………… 147
こぼす ………… 26
こま ………… 110
こままわし ………… 99
こまる ………… 26
ごみばこ ………… 161
こむ ………… 119
ゴム ………… 152
こむぎこ ………… 134
こめ ………… 134
ごめんなさい ………… 94
ゴリラ ………… 128
～ころ ………… 71
ころがる ………… 26
コロッケ ………… 134
ころぶ ………… 26
こわい ………… 53
こわす ………… 26
こんげつ ………… 72
こんしゅう ………… 72
コンタクト ………… 152
こんにちは ………… 95
こんばんは ………… 95
コンビニ ………… 81

〔さ行〕

さいご 63、72
さいころ 100
さいしょ 67、72
さがす 27
さかな 128
さかなつり 34
さかなや 81
さかや 81
(うしろに)さがる 27
(たかさが)さがる 27
(おんどが)さがる 27
(エレベーターが)さがる 27
さく 27
さくら 122
さくらんぼ 142
さそう 27
サッカー 26
さっき 64
さっぱり 64
さつまいも 143
さて(次に) 64
さて(あらためて) 64
さとう 48、135
さびしい 53
ざぶとん 161
さぼる 36
さむい 53、74
さめる 27
さら 147
サラダ 135
さる 129
ざる 148
さわぐ 28
さわる 28
さんかく 77
サンタクロース 100
サンドイッチ 135
ざんねん 53
さんぽ 105
さんりんしゃ 105
シーソー 105
シーディー(CD) 162
シール 100
ジェットコースター 105
しお 54、135
しかく 77
しかたない 53
しかる 28
じかん 72
しく 28

じこ …… 115
しごと …… 39
じしん …… 122
しせつ …… 84
しずか …… 53
した …… 77
したぎ …… 152
したくする …… 28
シチュー …… 135
しっぱい …… 91
しっぽ …… 129
しつもん …… 95
じてんしゃ …… 115
じてんしゃおきば …… 115
じどうしゃ …… 115
じどうはんばいき …… 140
しぬ …… 28
じびか …… 81
しぶい …… 54
しぼる …… 28
しまう …… 21、22
しまった …… 91
しめる …… 28、29
（かぎを）しめる …… 29
じゃがいも …… 143
しゃしん …… 110
シャツ …… 152
しゃっくり …… 92
シャベル …… 105
しゃべる …… 29
しゃぼんだま …… 105
じゃま …… 54
ジャム …… 135
しゃもじ …… 148
ジャングルジム …… 106
じゃんけん …… 110
ジャンパー …… 152
シャンプー …… 157
じゆう …… 17
ジュース …… 140
じゅうたん …… 162
しゅくだい …… 100
しゅっぱつ …… 115
しゅわ …… 95
じゅんばん …… 110
じゅんびする …… 28
しょうがつ …… 100
しょうがっこう …… 82
しょうご …… 74
じょうず …… 54

しょうぼうしゃ ……… 115
しょうゆ ……… 135
じょうろ ……… 106
しょくぶつ ……… 122
しょっぱい ……… 54
ショベルカー ……… 115
しらない ……… 29
しらべる ……… 29
しる ……… 46
しろ ……… 77
しんかんせん ……… 116
しんごう ……… 116
じんこうないじ ……… 95
しんぱい ……… 54
しんぶん ……… 162
しんぶんやさん ……… 89
すいえい ……… 20
すいか ……… 143
すいかわり ……… 100
すいそう ……… 106
すいぞくかん ……… 82
スイッチ ……… 162
すいとう ……… 148
すいどう ……… 148
すいはんき ……… 148
スイミング ……… 20
すいようび ……… 72
(ストローで)すう ……… 29
(いきを)すう ……… 21、29
スーパー ……… 82
スープ ……… 135
スカート ……… 152
ずかん ……… 110
すき ……… 54、59
すぐ ……… 65
すくない ……… 54
すこしまえ ……… 64
スコップ ……… 106
すごろく ……… 100
すず ……… 41
すずしい ……… 54、70
すずめ ……… 129
ずっと ……… 33、65
すっぱい ……… 55
ステーキ ……… 136
すてる ……… 29
ストロー ……… 148
すな ……… 123
すなば ……… 106
スパゲッティ ……… 136

すばらしい …… 50
スプーン …… 148
すべりだい …… 106
すべる …… 30
ズボン …… 153
スポンジ …… 157
スマホ …… 162
すもう …… 110
スリッパ …… 153
する …… 45
ずるい …… 55
（いすに）すわる …… 30、156
（ゆかに）すわる …… 30
セーター …… 153
せっけん …… 157
ぜったい …… 64
せまい …… 55
せみ …… 129
ゼリー …… 140
セロテープ …… 111
せわする …… 20
せんげつ …… 72
せんざい …… 148
せんしゅう …… 72
せんせい …… 89
せんたくき …… 162
ぜんぶ …… 73
せんぷうき …… 162
せんべい …… 140
せんめんき …… 157
せんめんだい …… 157
せんろ …… 116
ぞう …… 129
ぞうきん …… 162
そうじき …… 163
そうそう …… 65
そうめん …… 136
ソース …… 136
そこ …… 77
そだてる …… 20
ソックス …… 152
そと …… 82
そば …… 136
ソフトクリーム …… 140
そら …… 122
〔た行〕
～だ …… 66
～たい …… 65
たいおんけい …… 92
たいこ …… 30

だいこん 143
だいじ 55
だいじょうぶ 34
たいせつ 55
たいそう 111
だいだいいろ 77
だいどころ 82
たいふう 122
たいへん 55
タイヤ 116
たいよう 122
タオル 157
(たかさが)たかい 55
(ねだんが)たかい 55
～だから 67
たからさがし 106
たく 36
だく 30
たくさん(多い) 50
たくさん(山盛り) 65
タクシー 116
たくはいびんやさん 89
～だけ 65
～だけど 65
たこ 129
たこあげ 100
たすける 34
たずねる 95
たたかう 30
(たいこを)たたく 30
たたく(叩く) 30
(ドアを)たたく 30
ただしい 55
たたみ 157
たたむ 31
たつ 31
(いえが)たつ 31
たて 77
たてもの 84
たてる 31
たとえば 65
たな 158
たなばた 101
たぬき 129
たね 122
たのしい 56
たのむ 31
たばこ 163
たべもの 136
たべる 31、134

たま 59
たまいれ 101
たまご 46、136
たまねぎ 143
だまる 31
ためす 31
だれ 89
たわし 149
たんじょう 17
たんじょうかい 101
たんじょうび 73、101
たんす 158
だんぼう 163
ちいさい 56
ちがう 31
ちかてつ 116
ちぎる 32
ちこく 50
ちゃいろ 78
チャック 154
チャレンジする 32
ちゅういする 32
ちゅうがっこう 82
ちゅうし 45
チューリップ 122
ちょうちょう 129
ちょうど 65
チョコレート 140
ちらかす 32
ちりとり 163
つかう 32
つかまえる 32
つかまる 32
(てすりに)つかまる 32
つかむ 32
つき 71、123
つぎに 64
つきみ 101
(おまけが)つく 33
(でんきが)つく 33
つく(到着) 117
つくえ 158
つくる 33
(くっつく)つける 25
(でんきを)つける 33
つち 73、123
つづく 33、65
つつむ 33
つなぐ 33
つなひき 101

つねる 33
つの 130
つぶす 33
つぶれる 33
つぼみ 123
つまらない 56
つまり 44
つみき 111
つむ 111
つめきり 158
つめたい 56
つよい 56
つらい 56
つる 34
であう 14
ディーブイディー（DVD） 163
ていきけん 116
ていしゃする 35
ティッシュペーパー 158
テーブル 158
でかける 34
てがみ 111
できあがり 92
できる 34
デザート 140
～です 15、66
てつだう 34
てつぼう 106
～でない 66
てぶくろ 153
でも 65
でる 34
てるてるぼうず 111
テレビ 163
てんき 123
でんきがま 148
でんしゃ 116
でんしレンジ 149
でんち 163
てんぷら 136
でんわ 163
ドア 14
トイレ 82
トイレットペーパー 158
どういたしまして 95
とうきょう 82
どうぐ 164
どうして 66
とうちゃく 117
とうばん 101

とうふ……137
どうぶつ……130
どうぶつえん……83
とうもろこし……143
トースター……149
とおる……34
ときどき……73
どきどき……66
とくい……56
とくべつ……56
どくわ……95
とげ……123
とける……34
どこ……78
とこや……83
ところで……66
どちら……66
とつぜん……66
とても……66
(ひこうきが)とぶ……34、118
(とりが)とぶ……34
トマト……143
トマトケチャップ……137
(くるまが)とまる……35
とまる……37
ともだち……89
どようび……73
とら……130
ドライヤー……158
トラック……117
トランプ……111
トランポリン……111
とり……34、130
ドリル……101
とる……35
(しゃしんを)とる……35
ドレス……153
どろんこあそび……107
どんぐり……123
トンネル……117
とんぼ……130
〔な行〕
ない……57
ないしょ……95
ナイフ……149
なおす……35
なおる……35
なか……78
ながい……57
ながぐつ……153

ながめ 123
ながら 67
なく 35
なくす 35
なくなる 24、35
なぐる 30
なげる 35
なし 143
なす 144
なぜ 66
なつ 48、73
なっとう 137
なつまつり 102
なでる 35
ななめ 78
なに 67
なふだ 102
なべ 149
なま 137
なまえ 96
なみ 123
ならぶ 110
なるほど 67
なわとび 107
におい 52
におう 52
にかい 83
にがい 57
にぎやか 28
にぎる 36
にく 137
にげる 36
にじ 124
にせもの 111
にち 73
にちようび 73
にっこう 124
にている 36、68
～になる 36
にっぽん 83
にる（煮る） 36、45
にる（似る） 36
にわとり 130
にんぎょう 30、112
にんぎょうげき 112
にんじん 144
ぬう 36
ぬぐ 36
ぬるい 57
ぬれる 36

ねぎ …… 144
ネクタイ …… 153
ねこ …… 130
ねずみ …… 130
ねずみいろ …… 78
ねつ …… 92
ネックレス …… 153
ねむい …… 57
ねる …… 37
ねんがじょう …… 102
ねんど …… 112
ねんれい …… 73
ノート …… 102
のこす …… 37
のこる …… 37
ノック …… 30
～ので …… 67
～のとき …… 74
～のばあい …… 74
のばす …… 37
のびる …… 37
(かいだんを)のぼる …… 37
(日が)のぼる …… 37
のみもの …… 141
のむ …… 37
～のようだ …… 69
のり(糊) …… 112
のり(海苔) …… 137
のりかえ …… 117
のりもの …… 117
のる …… 37
〔は行〕
ばあい …… 74
はいいろ …… 78
バイク …… 117
はいしゃ …… 83
ばいてん …… 83
パイナップル …… 144
はいる …… 37
はえ …… 131
はえる …… 38
ばか …… 57
はがき …… 112
はがす …… 38
はかり …… 149
バギー …… 117
(くつを)はく …… 38
(ズボンを)はく …… 38
はく(掃く) …… 38
はく(吐く) …… 38

はくさい …… 144
バケツ …… 164
はこぶ …… 38
はさむ …… 38
はし（橋） …… 117
はし（箸） …… 149
はじまる …… 39
はじめに …… 67
はじめる …… 39
パジャマ …… 154
ばしょ …… 83
はしる …… 39
バス …… 118
はずかしい …… 57
バスタオル …… 158
バスてい …… 118
バスのりば …… 118
バスマット …… 159
パソコン …… 164
バター …… 137
はだか …… 92
はたけ …… 107
はだし …… 92
はたらく …… 39
はち …… 131
はちみつ …… 141
はっきり …… 67
バッタ …… 131
バット …… 107
はっぱ …… 124
はっぴょう …… 102
はと …… 131
パトカー …… 118
はな …… 27、124
はなす …… 29、39
バナナ …… 144
はなれる …… 39
はね …… 130
はねつき …… 102
ババロア …… 140
はぶらし …… 159
はやい …… 57
はやく …… 65
はり …… 154
はる …… 48、74
はれ …… 124
バレーボール …… 112
はれる …… 39
バレンタイン …… 102
ハロウィン …… 102

パン……137
ハンカチ……154
はんこ……112
パンダ……131
はんたい……58
パンツ……154
ハンバーガー……138
ハンバーグ……138
はんぶん……74
パンや……83
ひ……44、70
ピアノ……112
ピーマン……144
ビール……141
ひえる……40
ひかり……124
ひかる……39
(つなを)ひく……40
(せんを)ひく……40
(ピアノを)ひく……112
ひくい……58
ひこうき……34、118
ひさしぶり……96
びしょびしょ……36
ビスケット……139
ひだり……78
びっくりする……19
ひっこし……40
ひっこす……40
ぴったり……14
ひっぱる……40
ひつよう……16
ビデオ……164
ひどい……61
ひなまつり……103
ひので……37
ひまな……58
ひまわり……124
ひも……164
ひやす……40
びよういん(美容院)……84
びょういん(病院)……84
びょうき……92
ひよこ……131
(ほんを)ひらく……103
ひらく……39
ひる……74
ビル……84
ひろい……58
ひろう……40

びん 149
ピン 154
ファスナー 154
ファクス 164
ふうせん 113
ブーツ 153
プール 84
ふえる 40
フォーク 150
ふかい 58
（かぜが）ふく 120
（つくえを）ふく 40
ふくむ 33
ふざける 40
ぶた 131
ふつう 58
ぶつかる 41
ふとい 41、58
ぶどう 144
ふとる 41
ふとん 159
ふね 118
ふむ 41
ふゆ 53、74
フライパン 150
ブランコ 107
ふりかけ 138
プリン 141
（あめが）ふる 41
（ゆきが）ふる 41
（はたを）ふる 41
（すずを）ふる 41
ふるい 58
ブルドーザー 118
ふれる 28、35
ブローチ 154
ブロッコリー 145
ヘアブラシ 159
ペール 78
へた 59
ベッド 159
ペットボトル 150
べつの 67
へび 131
ベビーカー 117
へや 84
へらす 41
ヘリコプター 118
へる 41
べんきょう 103

ペンギン …… 132
へんしん …… 113
べんり …… 81
ほいくえん …… 84
ほうき …… 164
ぼうし …… 22、154
ほうちょう …… 150
ほうれんそう …… 145
ホーム …… 118
ホール …… 84
ボール（料理用） …… 150
ボール（球） …… 59
ぼく …… 90
ポケット …… 155
ポケットティッシュ …… 159
ほけんしつ …… 84
ほこり …… 124
ほし …… 124
ほしい …… 54、59
ポスト …… 113
ほそい …… 59
ボタン …… 155
ほちょうき …… 96
ポット …… 150
ホットケーキ …… 141
ほとんど …… 74
ほめる …… 42
ほる …… 42
ほん …… 103
ほんとう …… 59
ほんや …… 85

〔ま行〕

まあまあ …… 67
まいにち …… 63
まえ …… 78
まえかけ …… 151
まがる …… 42
まく …… 42
まけ …… 42
まける …… 42
まげる …… 42
まざる …… 28、42
マジック …… 113
まじめ …… 92
まじる …… 42
まずい …… 59
また …… 68
まだ …… 68
まちがえる …… 42
まつ …… 43

まっすぐ …… 59
～まで …… 68
まどガラス …… 159
マナー …… 96
まないた …… 150
まなぶ …… 103
まねっこ …… 43
まねる …… 43
まぶしい …… 59
マフラー …… 155
ままごと …… 113
まめ …… 138
まめまき …… 103
マヨネーズ …… 138
まる …… 79
まるい …… 59
まわる …… 43
まんいん …… 119
みがく …… 43
(はを)みがく …… 43
みかん …… 145
みぎ …… 79
みじかい …… 60
みず …… 72、125
みずいろ …… 79
みずぎ …… 107
みせ …… 85
みせる …… 43
みそしる …… 138
～みたい …… 36、68
みち …… 119
みて …… 43
みどり …… 79
みぶり …… 96
みみかき …… 159
みゃく …… 93
みられる …… 43
みる …… 43
ミルク …… 141
みんな …… 89
むかう …… 44
むかしむかし …… 74
むく …… 44
(バナナを)むく …… 44
(りんごを)むく …… 44
むし …… 132
むしかご …… 107
むす …… 44
むずかしい …… 60
むすぶ …… 44

むらさき …… 79
めいわく …… 93
メール …… 96
めがね …… 155
（ページを）めくる …… 44
めずらしい …… 60
メリークリスマス …… 96
メロン …… 145
めんぼう …… 160
～も …… 68
もういちど …… 68
もえる …… 44
もくようび …… 74
もし …… 68
もじ …… 96
もち …… 138
もちつき …… 103
もつ …… 44
もっと …… 68
もも …… 145
ももいろ …… 79
もらう …… 45
〔や行〕
やおや …… 85
やかましい …… 49
やかん …… 150
やきいも …… 103
やきゅう …… 17
やく …… 36、45
やくそく …… 97
やさい …… 145
やさしい（易しい） …… 60
（きもちが）やさしい …… 60
やすい …… 60
やすむ …… 98
やせる …… 45
（やくそくを）やぶる …… 45
（紙を）やぶる …… 45
やま …… 125
やまもり …… 65
（あめが）やむ …… 14
やめる …… 45
やる …… 45
やわらかい …… 60
ゆうがた …… 75
ゆうびんきょく …… 85
ゆうびんやさん …… 89
ゆうやけ …… 125
ゆき …… 125
ゆきだるま …… 107

ゆっくり …… 69
ゆでる …… 36
ゆびもじ …… 97
ゆびわ …… 155
ゆれる …… 45
よい …… 49
ようちぶ …… 85
ようふく …… 151
ようふくブラシ …… 160
ヨーグルト …… 141
よくばり …… 93
よこ …… 79
よごす …… 46、51
よごれる …… 46
よてい …… 40、103
よぶ …… 27、46
よむ …… 46
～より …… 64
よる …… 52、75
よろこぶ …… 49、56
よわい …… 60
〔**ら行**〕
ラーメン …… 138
ライオン …… 132
らいげつ …… 75
らいしゅう …… 75
らいねん …… 75
～らしい …… 69
ランドセル …… 103
らんぼう …… 93
りこう …… 61
リス …… 132
りっぱ …… 50
リビング …… 85
リボン …… 155
りんご …… 145
ルール …… 113
れいぎ …… 96
れいぼう …… 164
レストラン …… 85
レタス …… 145
レモン …… 146
れんしゅう …… 99
れんらくちょう …… 104
ろうか …… 85
ろうがっこう …… 86
ロープウェー …… 119
〔**わ行**〕
わかい …… 61
わがまま …… 61

わからない …… 29
わかる …… 46
わかれる …… 39
わける …… 46
わゴム …… 165
わざと …… 69
わすれる …… 46
わたし …… 90
わたす …… 15、18
ワッペン …… 155
わに …… 132
わふく …… 151
わらう …… 46
わる …… 46
わるい …… 61
0 …… 165
1 …… 165
2 …… 165
3 …… 165
4 …… 165
5 …… 165
6 …… 166
7 …… 166
8 …… 166
9 …… 166
10 …… 166
20 …… 166
50 …… 166
100 …… 166
500 …… 167
1,000 …… 167
10,000 …… 167

は
ひ
ふ
へ
ほ
ま
み
む
め
も
や
ゆ
よ
ら
り
る
れ
ろ
わ
を
ん
つ
や
ぶ
「ふ」を横に
ぱ
「は」を上に
ー

50音と指文字

な	た	さ	か	あ
に	ち	し	き	い
ぬ	つ	す	く	う
ね	て	せ	け	え
の	と	そ	こ	お

◉執筆者・編集協力者（50音順）

石丸宗徳（編集協力）	**岡野敦子**（執筆・編集）
上土居理絵（編集協力）	**木島照夫**（執筆・編集責任者）
栗原奈央子（イラスト）	**丹治喜世**（編集協力）
西村めぐみ（編集協力）	**南村洋子**（執筆・編集）

編　集　後　記

このじてんの前身である『わかる！　できる！　おやこ手話じてん』が上梓されてから20年近い歳月が流れました。時代に合わせて収録語彙を入れ替え増やしつつしながら、その使いやすさから子ども向け手話じてんのベストセラーとしての地位を守り続けてきました。

この間、手話に対する社会的な認知も広がり、テレビのニュースにも手話通訳が付き、手話で電話ができる電話リレーサービスが普及し、500近い自治体で手話言語条例が制定され、全国すべての自治体から「手話言語法」制定への要望が出されるまでに至りました。

さらに、聴覚障害教育の分野では、発達早期から手話が導入され、言語獲得の早期化による認知面での向上や、情緒・社会性・意欲・積極性といった非認知面でも大きなメリットがあることがわかってきました。

こうした動きに後押しされる形で、「おやこ手話じてん」は、このたび、『わかった！　できた！　親子の手話じてん』として、新しい版元の飯塚書店より、内容も装いも一新して出版されることとなりました。

今後とも、ぜひ、このじてんを末永くご愛用いただけますよう、よろしくお願いいたします（木島記）。

カバーデザイン◉**中田薫（EXIT）**
制作◉**アネラジャパン**

全国早期支援研究協議会　事務局
〒343-0015　埼玉県越谷市花田 3-1-1　江原方
FAX：048-916-6250
E-mail：soukisien@yahoo.co.jp

わかった！　できた！
親子の手話じてん

2024年12月13日　初版第1刷発行

編　者　　全国早期支援研究協議会
発　行　　フォルドリバー
〒104-0031
東京都中央区京橋2-7-14-415
TEL：03-5542-1986
発　売　　株式会社 飯塚書店
〒112-0002
東京都文京区小石川5-16-4
TEL：03-3815-3805
FAX：03-3815-3810
http://izbooks.co.jp
印刷・製本　誠宏印刷株式会社

ISBN978-4-7522-7005-8